DES TRUFFES EN GÉNÉRAL ET DE LA RABASSE* EN PARTICULIER

* *Rabasse* : truffe en provençal (*Tuber Melanosporum*).

DANS LA MÊME COLLECTION

Le Livre de l'Ail, Jean-Paul Clébert
Douceurs de Provence, Maguelonne Toussaint-Samat
Cantate de l'huile d'Olive, Jacques Bonnadier
Pour un panier de figues, Clément Serguier

ISBN 2-87923-021-7
ISSN 1158-9248

Jean-Marie Rocchia

Préface d'Yvan Audouard

Des TRUFFES en général et de la RABASSE en particulier

Collection Du Goût et de l'Usage

Editions A. Barthélemy, Avignon

A mon oncle Nané
qui doit maintenant "caver la rabasse"
au paradis des truffières éternelles.

A ma femme,

A ma fille,

et à mes chiennes.

PRÉFACE

Tout, tout vous saurez tout sur le *Tuber Melanosporum*, sur son péridium, sa "gleba" et ses spores échinulées. Rassurez-vous, ce n'est pas un microbe tropical mais c'est tout de même un virus. Si vous l'attrapez, vous n'avez aucune chance d'en réchapper, mais il ne mettra pas vos jours en danger. Bien au contraire, il parfumera votre vie jusqu'à la fin de vos jours.

C'est pourquoi je vous demande de déguster avec une gourmandise minutieuse, une gourmandise de tous les sens (et spécialement de l'odorat) le succulent ouvrage de Jean-Marie Rocchia, aux éditions A. Barthélemy à Avignon, *Des truffes en général et de la "rabasse" en particulier.* Il s'agit en effet de cet étrange "diamant noir" abusivement appelé truffe du Périgord, alors qu'il a trouvé en Provence et quelques terroirs adjacents ses tanières de prédilection.

Vous me direz que traiter un tel sujet en ce moment peut paraître futile et peut même passer pour de la provocation. D'abord, il n'est pas si futile et le commerce de la truffe fournit à l'économie des régions où on la trouve un appoint qui n'est pas négligeable. L'époque a un goût amer. De temps en temps on a tout de même le droit de se faire "bonne bouche".

D'autant que le marché du *Tuber Melanosporum* est en pleine évolution et que l'inquiétude règne chez les "rabassiers".

Longtemps ils ont cru entretenir sa légende (et sa rentabilité) en multipliant les supercheries. Ils ne se rendaient pas compte qu'ils étaient en train de tuer la poule aux œufs noirs. Comme disait Lincoln : "*On peut tromper tout le monde un certain temps, un certain nombre de gens aussi longtemps qu'on voudra, mais on ne peut pas tromper tout le monde tout le temps.*"

Il était urgent qu'un confrère courageux se décide à "mettre son nez" là-dedans. Il n'a pas du tout l'intention de "casser la cabane" mais, bien au contraire, de lui donner des fondations solides. En dénonçant la fraude, il dissipe certes les faux mystères entretenus autour de la truffe mais il en renforce la réelle magie et lui ouvre des perspectives d'avenir…

L'affaire est sérieuse et on le comprend dès la première page du livre. Son auteur le dédie en effet : “A ma femme, à ma fille, à mes chiennes”. Si certains y voient des degrés d'affection croissante, je connais assez Jean-Marie (et son épouse) pour me sentir autorisé à leur dire que non seulement ils se trompent sur son auteur, mais qu'ils ne connaissent rien à la sensibilité rabassière. Ils n'ont pas compris que chez eux (comme chez les chasseurs) le chien fait partie de la famille et que l'affection qu'ils leur portent n'enlève rien à l'amour qu'ils ont pour les leurs.

Toute l'année, la fille de Jean-Marie joue avec les teckels de son papa. Il a élu cette race de chiens précisément parce que leurs courtes pattes leur mettent forcément la “truffe” plus près de la terre. Il n'adopte en outre que des teckels femelles, parce qu'entre leur maître et elles s'établissent spontanément des rapports plus câlins qu'avec les mâles et que leur récompense suprême, les jours où elles ont particulièrement bien travaillé, est d'être admises à venir dormir dans son lit.

En revanche, à la saison des truffes, si sa fille s'enrhume, c'est elle qui se trouve punie : elle n'a plus le droit de s'approcher de ses petites copines à quatre (petites) pattes car elles risqueraient, Dieu garde, de s'enrhumer à leur tour. Et un chien truffier qui perd son flair au moment de la récolte c'est une catastrophe irréparable.

Nous sommes ici au cœur du problème. Enlevez à une truffe son odeur, qu'est qu'il en reste ? Rien, absolument rien qu'une petite masse noirâtre, insipide et fibreuse qu'on vous vend à des prix effarants, alors qu'une simple salade de pommes de terre à l'ail et à l'huile d'olive est, en comparaison (et en soi), un véritable régal gastronomique.

C'est pourtant cette chose-là qu'on vous propose dans la plupart des cas et que vous êtes obligé de trouver sublime pour ne pas passer à vos yeux pour un parfait couillon.

Je n'irai pas jusqu'à considérer Jean-Marie Rocchia comme un bienfaiteur de l'humanité mais il faut lui être reconnaissant d'avoir redonné à la truffe toute sa succulente réalité en montrant sa fragilité. La truffe est un produit “volatil” qui n'a qu'une existence éphémère. Ce n'est qu'une odeur et, comme toutes les odeurs, elle ne tarde pas à se dissiper. En moins de trois semaines, il n'en reste que le support. Un support triste comme une chapelle désaffectée, et le mettre en boîte, c'est le mettre au cercueil.

Mais c'est une odeur si singulière, si riche, surgie de si loin et de si profond qu'elle devient aussitôt inoubliable et qu'elle fait de vous des “accros” pour la vie. C’est cette senteur inimitable qu’on achète et non pas ces épluchures noires qui mettent en deuil des terrines et pâtés quelles décorent en prétendant leur donner du goût.

Qu’on ne dise pas qu’en “moralisant” le marché de la truffe, Jean-Marie Rocchia risque de le compromettre en rappelant qu’elle doit absolument être dégustée fraîche. D’autant qu’elle n’est consommable que de décembre à la mi-février.

Si vous ne pouvez pas l’acheter fraîche sur place à un rabassier de confiance, il vous reste “chronopost”. Ses services, on le sait, ne sont pas gratuits mais si vous préférez payer trois mille francs le kilo de charbon de bois, vous êtes libre.

C’est aux gourmands que je m'adresse, à ceux qui ont de l’odorat et du palais. Sans eux, la truffe ne tarderait pas à n’être qu’une légende oubliée. Pour les faire patienter, je leur conseille de plonger le nez dans le livre de Jean-Marie Rocchia... Je les vois qui, déjà, ferment les yeux de béatitude et salivent à l’avance.

Yvan Audouard

TUBERA Mathiol. 544. Trufes. Les Provençaux les apellent *Rabaſſos.* L'on trouve en aſſez grande quantité les Truffes dans les terroirs de Jouques, dans le quartier de Puibernier, du Tauliſſon, de même qu'à Rians, Peylobier, &c. J'ai remarqué que les Truffes naiſſent ordinairement ſur des petites lerires, dans un terrain maigre, ſterile, où l'on ne voit preſque aucune plante autour, ſi ce n'eſt quelque Thim ou Lavandes mâles. On connoît facilement ces endroits, par le ſol dégarni de toute ſorte de plantes. Galien & Avicenne nous aſſurent que les Truffes donnent trés-peu de nourriture, & qu'elles contiennent un ſuc craſſe, feculent & tartareux, propre à engendrer l'atre-bile. Elles ſont capables de cauſer l'apoplexie & la paralyſie, ſuivant ce dernier, & de donner des coliques, ſuivant Galien, ſi on en mange avec excez. Elles entrent dans les ragoûts, & on les aſſaiſonne avec tant d'aromates & de ſalure, qu'il eſt difficile de ſçavoir au vrai ſi la qualité aphrodiſiaque qu'on leur attribuë, dépend plûtôt de l'aſſaiſonnement, que de la qualité des Truffes. Il eſt pourtant veritable, quoi qu'en ayent dit nos Anciens, que les Truffes contiennent beaucoup de parties volatiles, ſulfureuſes & ſalines. L'odeur forte qu'elles répandent pendant un aſſez long-tems, étant fermées dans quelque endroit, nous en donnent une preuve inconteſtable. J'ai connu des femmes ſujettes aux vapeurs hyſteriques, en qui l'odeur des Truffes produiſoit les mêmes bons effets, que peuvent produire les ſels volatiles, huileux. J'en ay connu d'autres qui ne pouvoient ſouffrir cette odeur ſans danger de ſyncope. Mr. Raï trouve ridicule la maniere avec laquelle les Italiens creuſent les Truffes, qui eſt d'attacher par un des pieds le Pourceau qui doit creuſer la Truffe, pour le conduire dans les endroits où ſont les Truffes; & dés que l'on voit qu'il l'a creuſée, on le chaſſe, & on acheve de tirer la Truffe. La maniere dont nos Payſans de Jouques ſe ſervent, eſt encore plus commode: Ils aprivoiſent & accoûtument une Truye à creuſer les Truffes; auſſi-tôt qu'elle a aſſez creuſé pour être proche de la Truffe, elle leve la tête, & celui qui la conduit lui donne un peu d'orge, tandis que la Truye mange ſon orge, le Payſan retire ſa Truffe, & la Truye ayant mangé ſon orge, continuë à chercher, juſqu'à ce qu'elle ait découvert un autre endroit pour creuſer. Les femmes des Payſans gagnent le plus ſouvent leur vie dans ce métier. Il y a une autre maniere de découvrir les Truffes, qui eſt connuë de peu de gens, que j'ai moi-même obſervé. C'eſt que lorſque le jour eſt ſerain & calme, & que le Soleil reluit ſur ces endroits, on s'aperçoit

CHAPITRE I

MA PREMIÈRE RABASSE

La vie est un souvenir d'enfance.
Alexandre Vialate

J'avais huit ans et je m'en souviens comme si c'était hier.

Mes parents m'avaient expédié pour deux jours au cabanon, sous la garde de mon oncle Nané. "L'air de la campagne, c'est bon pour les bronches" disait souvent ma mère. Et de fait, en ces temps reculés, où tout le monde cuisinait et se chauffait au charbon, l'atmosphère des villes était proprement irrespirable. Un fleuve de fumée jaunâtre et sulfureuse inondait les rues, souillait le linge étendu aux fenêtres, écorchait les gorges, encrassait les poumons et faisait larmoyer les yeux.

Les choses, Dieu merci, ont bien changé depuis.

A la campagne, autre avantage, on redoutait moins les bombardements qui représentaient alors une hantise de tous les instants. Mais cela on évitait d'en parler devant les enfants.

Nous voici donc partis, mon oncle et moi, pour le cabanon où nous devions arriver en fin d'après-midi.

C'était un de ces petits cabanons sans grâce particulière, comme il en existait alors des milliers dans les garrigues de Provence. Les murs étaient d'une épaisseur nettement exagérée par rapport aux exigences de solidité d'un si petit édifice. Le toit était si bas qu'il suffisait de lever le bras pour prendre la clef cachée sous une tuile. C'était bien pratique également lorsqu'on voulait enlever les feuilles mortes accumulées çà et là et responsables d'inondations. Car ce toit fuyait, ce qui est une spécialité bien provençale. Les fenêtres étaient d'une étroitesse étonnante. De vraies meurtrières, comme si le constructeur avait voulu décourager d'éventuels cambrioleurs d'utiliser cette voie pour visiter l'intérieur.

Il y avait en tout et pour tout trois pièces : une remise, alors inoccupée, car mon oncle, qui possédait, si mes souvenirs sont bons, une

Juva 4 à bout de souffle, ne l'utilisait pas. Il préférait, avec bon sens, se garer au point le plus haut de la propriété, face à la pente : les démarrages au gazogène ne se révélaient pas souvent d'une fiabilité à toute épreuve.

Il y avait ensuite une grande pièce qui servait à la fois de cuisine, de salle à manger et de salon. Une vaste cheminée en plâtre occupait un mur entier ; on pouvait y enfourner des troncs énormes, ce qui évitait d'avoir à les scier et à les refendre. Mon oncle disait : "Si on a trop de travail pour préparer le bois, ce n'est plus la peine d'allumer le feu car on est déjà réchauffé." Bien sûr la cheminée fumait, surtout par vent d'est. Encore une spécialité bien provençale : les cheminées qui fument. Il y avait enfin une chambre avec deux lits bâtis et leurs paillasses.

Mon grand-père maternel avait acheté le cabanon sur un coup de tête, des années auparavant. Le vendeur, homme très courtois et très affable, en demandait un prix excessif pour l'époque. Voyant que mon grand-père hésitait et rechignait devant l'ampleur de la dépense, il proposa : "Et si nous allions discuter de tout ça devant un bon pastis?" C'était le mois d'août et la journée était chaude. Il alla tirer un seau d'eau du puits et servit deux pastis. Elle était si fraîche, cette eau, que des gouttes de condensation perlaient sur les verres embués. Mon grand-père n'en croyait pas ses yeux. Il fut si impressionné qu'il cessa de discuter le prix et se déclara d'accord pour acheter le cabanon le plus tôt possible. Le lendemain un compromis était signé chez le notaire.

La semaine suivante, il voulut renouveler l'expérience devant la famille au grand complet, mais le puits était à sec. On mit cette défaillance sur le compte d'une sécheresse exceptionnelle. Les sécheresses exceptionnelles étaient alors, elles aussi, des spécialités bien provençales, au point que les années qui en étaient dépourvues étaient rares.

Des mois plus tard, mon grand-père s'étant lié d'amitié avec un voisin, apprit de celui-ci le fin mot de l'histoire. Le vendeur avait pour habitude, la veille de chaque visite d'un acquéreur, de faire malicieusement verser dans le puits un demi-tombereau de pains de glace.

Dans la famille de ma mère, on n'a jamais été bien fort en affaires.

On construisit alors une citerne dont l'eau croupissait avec une rapidité surprenante. A peine pouvait-on l'utiliser, encore qu'avec circonspection, pour arroser un jardin étique où s'étiolaient tristement quelques oignons trop forts pour être mangés sans grimacer et un carré de persil souffreteux. On m'avait, bien sûr, interdit de boire l'eau de la citerne et même de m'en servir pour me débarbouiller.

C'était une chose qui me plaisait beaucoup, à moi, cette interdiction de me débarbouiller. Je n'en aimais que plus les séjours prolongés au cabanon. Mais il y avait quelque chose que j'aimais davantage encore : j'avais trouvé, dans la remise, au fond d'un vieux coffre en bois vermoulu un véritable trésor, tout un paquet d'illustrés américains. Tandis que j'étais censé faire la sieste, je passais des après-midi entiers durant l'été, en compagnie de *Mandrake le magicien* et de son fidèle *Lothar*, du *Fantôme du Bengale*, de *Guy l'Eclair*, de *Luc Bradefer*.

Je connaissais certes *Zig et Puce*, *Bibi Fricotin* et, bien sûr, *Tintin et Milou*, dont j'appréciais le classicisme pour la précision du dessin, le déroulement de l'intrigue et la maîtrise des dialogues ; mais l'imagination débridée des auteurs américains, l'originalité des décors et la démesure même dans laquelle baignait l'ensemble de ces œuvres donnaient une dimension nouvelle à ma culture générale.

Un seul regret toutefois : la publication de ces hebdomadaires ayant été interrompue dès l'ouverture des hostilités avec l'Allemagne, je n'ai jamais pu lire une histoire complète.

J'en ressens encore aujourd'hui une profonde frustration.

Le lendemain de notre arrivée au cabanon, mon oncle Nané vint me réveiller de bonne heure. J'avais bien dormi. Le petit déjeuner était prêt : un grand bol de lait avec de la chicorée *Leroux* et du miel que j'étalais sur des tranches d'un pain noir, lourd, un peu aigre et fatigant à mastiquer. Un pain de pauvre qui faisait le désespoir des ménagères. Celui-là même qui coûte aujourd'hui une fortune dans les magasins de régime.

Le jour se levait, mon oncle prit sa biasse* et nous partîmes dans les garrigues.

La journée promettait d'être superbe. Le ciel était encore sombre et d'une transparence absolue. Le froid était si vif que l'air me brûlait la gorge à chaque inspiration. Je me gardais de respirer trop vite de peur d'en avoir le souffle coupé. C'était sûrement ça qui était bon pour les bronches. C'est ma mère qui aurait été contente si elle avait été là !

* *Biasse :* musette en provençal.

La terre, soulevée par le gel, crissait sous mes pas. J'avais l'impression de marcher sur un tapis de biscottes.

Peu à peu, dans la lumière naissante du jour, les couleurs s'avivaient, faisant apparaître un délicieux et subtil mélange de bleus, de roses, de violets, d'ocres, de gris. Il n'y avait pas de vert, cette couleur vulgaire, et c'était tant mieux car elle aurait tout gâché.

Les chênes pubescents nous faisaient, une fois encore, la grâce de garder leurs feuilles mortes pour prolonger l'automne jusqu'au printemps. Tout baignait dans la paix et la sérénité. On avait l'impression que la nature se reposait dans l'abandon tendre et confiant d'une amante épuisée par des ébats torrides. En dépit du froid qui commençait à m'investir sournoisement, je restais émerveillé devant une telle harmonie, une telle magnificence ; je me souviens même avoir pensé : "C'est presque aussi beau qu'un dessin de Hal Foster dans *Prince Vaillan*t."

Nous cheminions maintenant au fond d'un petit vallon et j'avais l'impression qu'il faisait de plus en plus froid. Je portais sur la tête un béret basque, insuffisant, pour me protéger les deux oreilles à la fois : dès que je tirais d'un côté pour réchauffer une oreille, l'autre se transformait en glaçon ; aussi devais-je renouveler l'opération en sens inverse. Comme tous les garçons de mon âge, j'avais des pantalons à "manches courtes", comme disait l'oncle Nané. Mes jambes se marbraient de bleu et le moindre contact, avec une branche par exemple, provoquait des douleurs intenses. Une seule partie de mon anatomie n'aurait eu besoin de rien : c'était mon cou. Je n'ai pas souvenir d'avoir jamais eu froid au cou de toute ma vie. Pourtant mes parents m'obligeaient à le protéger avec un cache-nez d'un gris hideux et d'une longueur démesurée, soigneusement entortillé et dont les extrémités devaient être impérativement coincées sous la chemise afin d'éviter tout relâchement préjudiciable à ma santé. De plus, il me piquait la peau, ce cache-nez, et m'énervait au-delà de toute expression.

Mon oncle Nané continuait, tout guilleret, son chemin. Il ne semblait pas souffrir du froid le moins du monde, lui. Chaudement vêtu d'une veste et d'un pantalon de velours ; il ne portait pas le moindre cache-nez, ce veinard !

Nous arrivâmes devant une vieille ruine envahie par les ronces. Mon oncle s'arrêta, alluma une *Gauloise* et inspecta les environs. Il se mit ensuite à quatre pattes et entreprit de ramasser quelques cadavres raidis de lapins : il avait dû poser des collets, la veille au soir, tandis que je dormais. Il y avait un lapereau qui gigotait encore éperdument. L'oncle Nané le relâcha sans rien dire.

Un tendre, l'oncle Nané !

Soudain le soleil illumina la campagne. Le givre qui recouvrait les ronces et les toiles d'araignée scintilla comme la robe de strass d'une vedette de music-hall sous un coup de projecteur. Les branches fines des prunelliers, le tronc noueux des genévriers, les moindres crevasses sur l'écorce des chênes se détachèrent avec une netteté extraordinaire. A quelques détails près, c'était aussi épuré qu'une planche de *Tarzan chez les Chinois* dessinée par Hoggarth le sublime.

Mon oncle progressait à présent plus lentement car le terrain était modelé par de vieux *bancaou* abandonnés depuis longtemps. Il s'arrêta bientôt sur l'un d'eux et attendit que je le rejoigne. Ce devait être une ancienne vigne à en juger par les moignons noirâtres qui émergeaient encore d'un tapis de *baouco*, cette herbe de chez nous qui est jaune, blanche ou grise mais que jamais personne n'a vue verte. Il y avait là quelque chose d'étrange. Autour d'un petit chêne, guère plus grand qu'un homme, le sol était entièrement dépourvu de végétation selon un cercle aussi parfait que la tonsure sur la tête d'un moine.

Mon oncle se tourna vers moi et me dit d'un air entendu, en me montrant le chêne du doigt : "Celui-là, tu vois petit, ça fait deux ou trois ans qu'il *marque*. Je me demande s'il ne va pas se décider un de ces jours à donner des truffes." Il me dit cela avec une lueur dans les yeux que je ne lui avais jamais vue. Il sortit de sa poche un *Opinel* à moitié rouillé et entreprit de couper une branche de pin qu'il dépouilla de toutes ses aiguilles à l'exception d'un petit plumet à son extrémité. Puis se mit face au soleil, se pencha et avança lentement tout en balayant le sol avec sa branche. "C'est peut-être encore un peu tôt pour les mouches, mais on ne sait jamais", ajouta-t-il, en me faisant un clin d'œil.

Moi, je n'avais rien compris à toutes ces manigances et d'ailleurs je m'en fichais éperdument. Le soleil qui brillait maintenant franchement ne me réchauffait pas le moins du monde. On aurait même dit que la température avait baissé encore un peu. Mes pieds étaient littéralement gelés dans mes galoches et j'avais beau marteler le sol rageusement, je n'obtenais aucune amélioration de leur état. J'avais enfoui mes mains glacées dans les poches de mon pantalon avec pour seul résultat de refroidir mon bas-ventre jusque-là épargné. Pour un peu j'aurais souhaité être lundi matin afin de me rôtir délicieusement auprès du gros poêle *Godin* qui ronflait au fond de la classe.

Désespéré, je m'assis sur une grosse pierre blanche qui avait dû se détacher du *bancaou* supérieur, des siècles auparavant, tandis qu'avec une application exaspérante mon oncle Nané continuait son manège. Il se dirigeait dans ma direction. Soudain il s'écria : "Tu as vu toutes ces mouches, il y en a un *moulon*."

Je n'avais rien vu du tout, mais j'acquiesçais mollement pour qu'il en finisse au plus vite. Il s'était à présent agenouillé sur le sol et fouillait la terre avec un vieux tournevis qu'il avait extirpé de sa *biasse*. De temps à autre il prenait une poignée de terre dans la main, la reniflait, creusait à nouveau en changeant de direction, reniflait encore et recreusait.

Il était dans un état d'excitation extraordinaire. Ses yeux brillaient comme s'il avait de la fièvre et son nez était crotté. De temps en temps, il marmonnait en gémissant d'une façon presque indécente: "Ça *emboucane*... ça *emboucane* même de plus en plus !" Il s'était approché de moi jusqu'à me toucher et se trouvait maintenant toujours accroupi entre mes pieds. Je trouvais le spectacle grotesque. Il leva les yeux et me dit : "Lève-toi un peu de là, petit, que je regarde si elle n'est pas sous la pierre."

Excédé, je me levai et l'aidai même à soulever la pierre qui était fort lourde...

Et la pierre bascula...

Elle était là, la truffe !

Grosse, énorme, pour un peu monstrueuse.

Aussi insolite qu'un cétacé échoué sur une plage blanche. Elle laissait voir son dos obèse qui brillait dans le soleil levant d'un éclat merveilleux, presque inquiétant, comme un bijou maléfique.

Je la contemplais, fasciné par ce noir si intense qu'il semblait vouloir avaler la lumière.

Je sentais presque physiquement qu'elle vivait, cette truffe encore reliée à la terre nourricière par ses invisibles et multiples filaments mycéliens, comme je l'ai appris plus tard. Elle palpitait presque.

L'oncle Nané s'était immobilisé ; on aurait dit un setter irlandais à l'arrêt. Au bout d'un moment il avala sa salive et murmura d'une voix chevrotante : "Putain, qu'elle est belle." C'est dire à quel point il devait être ému car, à l'époque, les grandes personnes ne disaient jamais de gros mots en présence des enfants.

Encore bouleversé, je me levai lentement.

Tous les rêves qui hantent d'ordinaire l'imagination des jeunes garçons se bousculaient dans mon esprit et j'en réalisais soudain toute la futilité.

Tous les trésors de la terre que j'ambitionnais de découvrir un jour avaient perdu leur intérêt ; les joyaux de la caverne d'Ali Baba, les gemmes des mines du roi Salomon, les bijoux du pirate Barbe Noire, m'apparaissaient sous leur vrai jour : de dérisoires et clinquantes pacotilles !

Il ne me serait plus nécessaire désormais de parcourir le monde pour rechercher les pépites géantes du Klondike, où, si ça se trouvait, il faisait encore plus froid qu'ici, les émeraudes maudites du Matto-Grosso défendues par des Indiens sanguinaires, les richesses inouïes des pyramides égyptiennes protégées par des sortilèges redoutables qui feraient mourir ma mère d'inquiétude. Tous avaient cessé d'enflammer mon imagination et d'attiser ma convoitise. J'avais là, à mes pieds, un trésor mille fois plus précieux. Plus beau aussi, plus réel et surtout plus accessible. Un trésor dont je ne connaissais pas grand chose encore mais que je savais, par ouï-dire, rare, recherché, convoité et, qui plus est, comestible. Un trésor qui se renouvelait de lui-même tous les hivers tel un phénix végétal. Un trésor, enfin, qui ne se trouvait pas dans un endroit hostile, dangereux et mal connu de la planète, mais, rendez-vous compte, à même pas une demi-heure de marche du cabanon de l'oncle Nané !

Je n'avais plus froid soudain !

Une chaleur étrange et inespérée m'envahissait peu à peu, mes oreilles ne me cuisaient plus et mes pieds gelés semblaient appartenir à quelqu'un d'autre.

Dans le soleil qui m'éclaboussait de sa lumière et avec une détermination qui m'étonna moi-même, j'arrachai mon cache-nez et le fourrai rageusement dans la poche de ma pèlerine. Je commençais sérieusement a en avoir plein le dos de celui-là !

Dans un état second, je serrai les poings et pensai : "Une nouvelle vie commence pour moi."

J'avais huit ans mais je m'en souviens comme si c'était hier.

J'ai dû penser si fort que j'ai dû penser à voix haute. Mon oncle Nané qui finissait d'extraire la truffe avec la minutie tatillonne d'un archéologue professionnel leva les yeux. Je devais faire une drôle de tête car il fronça les sourcils, l'air inquiet : "Tu te sens bien petit ?" Et avant de se remettre au travail, il ajouta : "Remets ton cache-nez, tu vas prendre froid."

Nous sommes rentrés à la maison le lendemain. Dans la voiture qui avait consenti à démarrer en moins de deux heures, je me laissais bercer, rêveur, par les effluves capiteux et douceâtres de la truffe qui se mêlaient aux odeurs de cuir et de graisse chaude.

J'étais apaisé, je me sentais bien.

Quelques jours plus tard nous mangeâmes la truffe en brouillade : ce fut un succès, même si le cœur n'y était pas tout à fait. C'était le temps des restrictions et on vous aurait échangé volontiers un gros panier de truffes contre une petite livre de beurre. Je mangeai, en effet, de la brouillade comme tout le monde. Je n'en ai pas gardé un souvenir impérissable.

J'ai aujourd'hui cinquante ans de plus.

Le monde a changé depuis. En mieux plus souvent qu'on ne veut bien l'admettre. Désormais les voitures démarrent au quart de tour ; on n'a plus à craindre les bombardement ; nous mangeons tous à notre faim et les gamins de huit ans portent des jeans pendant l'hiver. Quant au port du cache-nez, il semble bien qu'on ne l'impose plus aux enfants, lesquels ne s'enrhument pas davantage pour autant.

Les bandes dessinées, par contre, n'ont pas connu d'améliorations susceptibles de me faire oublier mes enchantements de jeunesse.

L'oncle Nané, avant de nous quitter, a vendu le cabanon et a fait construire une belle villa au pied d'une autre garrigue où les truffes sont encore plus nombreuses. A la place du cabanon il y a maintenant un lotissement de jolis pavillons *Broad et Kauffman* qui, avec des noms pareils, ne peuvent être, on s'en doute, que typiquement provençaux. Les toits ne fuient pas, les cheminées ne fument plus par vent d'est. Et quand, par malheur, il y en a une qui persiste à vouloir le faire, on peut toujours incorporer un "insert" dont la vitre reste aussi propre qu'un écran de télévision.

Mais il est une chose qui n'a pas changé : c'est le bonheur que j'éprouve à caver les truffes l'hiver dans les garrigues.

Puisse ce livre vous le faire partager.

CHAPITRE II

LES TRUFFES

"Toutes les truffes sont bonnes
et, grâce au ciel, elles sont différentes"
G. Lorsin

Même si, en 1874, Valserres leur refusait encore ce statut, tout le monde s'accorde aujourd'hui à reconnaître que les truffes sont des champignons. Les peuples de religion catholique ont toujours été fascinés par les champignons sans qu'on ait pu trouver à ce phénomène le moindre début d'explication. En Italie, en Espagne, en France, en Pologne ou au Portugal, dès que la saison est arrivée, des troupes de chercheurs envahissent, en rangs serrés, les campagnes à la recherche des précieux carpophores, tandis qu'en Angleterre, par exemple, les amoureux de la nature observent avec des jumelles la migration des grues (l'ornithologie est pour les Britanniques une passion dévorante), foulant au pied, sans même y prêter attention, des tapis de chanterelles ou de cèpes. C'est d'ailleurs avec une impatience difficilement contenue que les "mycophages" français attendent l'ouverture du tunnel sous la Manche.

Le ciel se devait de récompenser une telle vénération : aussi, la truffe noire, *T. Melanosporum*, encore appelée un peu abusivement truffe du Périgord, ne prospère-t-elle qu'en Espagne, en Italie et en France, qui est, comme chacun sait, la fille aînée de l'Eglise.

Les champignons sont des êtres vivants dépourvus de chlorophylle et ont donc besoin pour survivre de matière organique. On dit que ce sont des êtres hétérotrophes et en cela ils sont plus proches du règne animal que du règne végétal. Ils peuvent trouver de la matière organique chez des végétaux en décomposition : on les dit saprophytes. Ils peuvent également le faire aux dépens de créatures vivantes auxquelles ils infligent des dommages plus ou moins tolérables et on les dit alors parasites. Il arrive parfois que les champignons réalisent avec leur hôte un arrangement à l'amiable au bénéfice des deux parties : c'est la symbiose. Les truffes sont un bon exemple d'association symbiotique car elles aident leur hôte à assimiler du phosphore tandis que celui-ci leur fournit en échange des sucres. Les girolles, les lactaires, les bolets, les amanites sont également des champignons qui vivent en symbiose avec des végétaux. Mais si l'arbre peut à la rigueur se passer du champignon, il est totalement dépendant de son hôte.

Les truffes sont des champignons ascomycètes, c'est-à-dire que leurs spores (qui ne sont pas des graines mais des gamètes comme le pollen auquel elles ressemblent un peu) sont contenues dans une sorte de petit sac : l'asque. Observé au microscope, un asque de *T. Melanosporum* ressemble un peu à un sac de plastique transparent dans lequel on aurait déposé deux ou trois oursins ayant la forme d'un ballon de rugby. Les spores de *T. Melanosporum* sont donc des spores échinulées. D'autres truffes plus nombreuses ont des spores dites alvéolées car leur surface ressemble aux alvéoles de cire fabriquées par les abeilles. L'observation des spores est déterminante pour confondre un conserveur malhonnête ayant trompé le client sur la marchandise.

L'association entre la truffe et l'arbre se manifeste sur les racines de celui-ci par les mycorhizes. Les mycorhizes ont l'aspect de petites boursouflures ayant la forme et la couleur de dattes minuscules : longues de deux à trois millimètres elles sont visibles à l'œil nu. Chaque espèce de truffe développe sur son hôte des mycorhizes de structures différentes. Ces dernières années, et grâce surtout aux travaux de Chevalier, il est possible de savoir exactement avec quelle espèce de truffe un plant est mycorhizé. Cela représente un progrès déterminant pour la trufficulture comme nous le verrons plus loin.

Enfin, les truffes sont des champignons souterrains ou hypogés, ce qui rend leur récolte un peu plus compliquée par rapport aux autres espèces dites épigées qui sont parfaitement visibles à la surface du sol.

Les champignons sont fantaisistes, capricieux et imprévisibles. Pour ne donner que deux exemples, citons le très élégant et très nauséabond Anthurus d'Archer qui fit son apparition en 1920 dans les Vosges. On pense que les spores furent véhiculées par des peaux de mouton originaires d'Australie. Depuis, le bougre a entrepris, avec un succès irrésistible et sans rien demander à personne, la conquête du continent européen. A l'inverse, la prestigieuse *Tuber Magnatum*, truffe blanche du Piémont, refuse, avec une obstination qui finit par agacer les chercheurs français, de franchir les quelques centaines de kilomètres qui séparent son aire de prédilection de notre territoire.

La truffe *T. Melanosporum* étant un champignon, on retiendra que sa recherche et plus encore sa culture peuvent réserver les plus belles surprises comme les plus amères déceptions.

Il existe une trentaine d'espèces [(1)] de truffes dont la classification tient compte de la forme de leurs spores (échinulées ou alvéolées), de l'aspect de leur péridium [(2)] (lisse ou verruqueux) et enfin de la description des mycorhizes qu'elles développent sur les racines de leurs hôtes. Les truffes ne sont pas, loin s'en faut, les seuls champignons souterrains que l'on connaisse. Très familiers chez les seuls ascomycètes, on peut citer les Elaphomyces, les Choïromyces, et les Terfez abondantes en Afrique du Nord et dans le Moyen-Orient que nos rabassiers, en les affublant du nom de "rabasses arabes", considèrent avec un peu de mépris. Bien que succulentes elles ne sont presque pas parfumées. Citons encore les Généa, Stéphensia, Basalmia, etc., parmi les ascomycètes et les hymenogaster, rhizopogon, etc., qui sont des basidiomycètes. Je ne m'étendrai pas sur ces hypogés pour ne pas fatiguer le lecteur et surtout pour cause d'ignorance crasse de ma part.

LA TRUFFE BLANCHE DU PIEMONT
TUBER MAGNATUM

Au grand désespoir de tous les amateurs de champignons, cette truffe de légende ne se trouve pas en France. Si j'en parle ici, c'est parce qu'aucun livre sur la truffe, aussi modeste soit-il, ne peut se permettre de la passer sous silence. Peut-être ne la trouve-t-on pas parce qu'on ne la cherche pas systématiquement. Chatin en 1892, dans son incontournable ouvrage *La Truffe,* signale : "Elle a été observée en France, à Tarascon et aux environs d'Aix..." Etant aixois, je l'ai longtemps cherchée avec une fièvre qui s'est émoussée au fil des ans. Riousset, qui est autrement plus compétent et qualifié, n'a pas eu plus de succès dans la région de Tarascon.

Et si Riousset ne l'a pas trouvée, c'est mauvais signe...

Mais peut-être attend-elle, tapie dans le sol, sous un peuplier, sur la rive d'un ruisseau, qu'un innocent promeneur la découvre par hasard. Assurément l'événement fera la une de tous les journaux.

(1) 32 d'après Riousset, mais seulement une vingtaine pour Chevalier.
(2) Peau ou écorce.

Les chercheurs, quant à eux, croient dur comme fer qu'on pourra bientôt la cultiver chez nous. Ils nous assurent avec un enthousiasme inébranlable qui réchauffe le cœur : "Ce n'est qu'une question de temps", et de fait, des arbres mycorhizés avec *T. Magnatum* (plantés en Provence) montrent une persistance des mycorhizes dix ans après plantation. Mais, pour l'instant, de carpophores, point ! Par contre, elle prospère en Italie en maintes provinces et sur quelques hectares en Yougoslavie.

Elle se présente sous la forme d'un tubercule souvent de bonne taille, de couleur gris jaunâtre, qui évoque un peu un rhizome d'iris. Le péridium est lisse, les spores alvéolées ; la période de production est courte : de mi-septembre à fin novembre, et dépend de l'abondance des pluies estivales. On la récolte au fond de vallons, aux pied des saules et des peupliers. Elle pousse dans l'herbe et, contrairement à la truffe dite du Périgord (*T. Melanosporum*), elle ne se signale pas par un "brûlé", c'est-à-dire par une zone sur laquelle la végétation herbacée ne pousse pas. Nos confrères transalpins doivent impérativement utiliser un chien pour sa recherche. Le dressage du premier chien truffier a dû présenter quelques difficultés car pour dresser un chien il faut au moins quelques truffes et, comme pour avoir des truffes il faut un chien dressé, on voit mal comment ont dû s'y prendre les pionniers. Je m'en suis ouvert à un spécialiste lors d'un voyage au Piémont : "C'est bien simple, m'a-t-il répondu, il suffit de frapper le sol avec un bâton tenu verticalement. Lorsque le son produit est caverneux, c'est que la truffe est juste dessous et il ne reste plus alors qu'à la récolter." Avec une ouïe aussi fine, on ne s'étonne plus que les Italiens soient de si fervents amateurs d'opéra et de bel canto.

En Italie et jusqu'à ces dernières années, la récolte des truffes était libre car ce champignon, comme d'ailleurs la totalité des autres, était considéré comme "*res nullius*", c'est-à-dire appartenant à tout le monde. D'où le nombre de précautions et de stratagèmes destinés à éviter les regards indiscrets d'un concurrent potentiel. Certains préféraient même ne les récolter que la nuit, au risque de se casser une jambe dans quelque fondrière. Il faut dire que la truffe blanche du Piémont fait l'objet d'un véritable culte et que son prix est parfois exorbitant. En 1991, par exemple, elle frôlait les quinze mille francs au kilo (un million et demi de centimes pour ceux qui auraient cru mal lire). Depuis quelques décennies, de gros efforts financiers ont été consentis par les pouvoirs publics pour favoriser les plantations d'arbres mycorhizés par *T. Magnatum*. Une quinzaine de stations de recherche ont été créées un peu partout en Italie, dont le budget de fonctionnement ridiculise par son ampleur celui de leurs homologues françaises. On peut ainsi espérer voir un jour prochain cette truffe prestigieuse, du moins rester d'un prix accessible.

"Est-elle au moins meilleure que la truffe du Périgord pour ce prix-là ?" La question, souvent posée, n'a pas de sens. Elle n'est ni meilleure ni plus mauvaise : elle est différente, totalement différente. Si elle est si chère, c'est d'abord parce qu'elle est plus rare, parce que sa période de production est plus courte, son aire plus réduite et que les essais de culture sont encore trop récents par rapport à ce que les Français pratiquent depuis un siècle et demi avec *Tuber Melanosporum.*

Quelles sont les caractéristiques de son odeur, de son arôme ou de son parfum ? Eh bien, parlons-en justement. J'avais lu et entendu dire : "C'est un subtil mélange de senteurs, d'ail et de fromage." Je suis allé voir ou, plutôt, sentir sur place. C'était il y a quelques années à Alba.

J'étais arrivé à la tombée du jour dans une auberge réputée pour ses plats à la truffe. Je m'étais préparé à cette expérience avec autant de recueillement qu'un futur chevalier à son adoubement. Cette rencontre avec *T. Magnatum* représentait pour moi une sorte de baptême sensoriel totalement inédit, un dépucelage olfactif, si l'on préfère ; j'étais d'ailleurs aussi nerveux qu'une jeune vierge sur le point de connaître sa première étreinte.

Je sollicitai de la part de mon hôte que l'on me présentât un récipient aussi hermétiquement fermé que possible et contenant une truffe du Piémont. Cet homme compréhensif dut percevoir mon émotion car il disparut à l'office et en ressortit quelques instants plus tard, portant avec respect, sur un plateau, un bocal de verre dans lequel se laissait admirer un bel exemplaire du précieux champignon. Il eut le tact de me laisser seul. J'avais les mains moites et mon cœur cognait dans ma poitrine. Je retins ma respiration, ouvris le bocal et, ayant compté mentalement jusqu'à trois, j'inspirai timidement.

Ce fut bouleversant.

Comme un formidable coup de poing olfactif qui faillit me renverser, un véritable séisme de sensations diverses et désordonnées assaillit mes neurones de toutes parts. Mes glandes surrénales déchargeaient des torrents d'adrénaline dans mes vaisseaux sanguins. C'était un parfum d'une puissance extraordinaire qui provoquait en moi un désir parfaitement nouveau et indescriptible, un désir troublant et non exempt d'une certaine perversité. Ça sentait tout ce qu'on voudra, mais certainement pas l'ail ni le fromage ; ou alors de l'ail et du fromage provenant d'une autre planète située à des années-lumière de la nôtre. C'était un parfum si foncièrement différent de celui, familier et rassurant, de ma bonne vieille "rabasse" des garrigues, que je me refuse encore aujourd'hui à tenter de le décrire, tant il se dérobe à l'analyse. J'en étais si bouleversé que je me souviens d'avoir pensé, soudain attristé : "Dire qu'il existe de par le monde des tas de pauvres types qui vont mourir sans avoir connu ça."

Dix minutes ou deux heures plus tard, je ne sais, car j'avais perdu la notion du temps, l'aubergiste vint récupérer sa truffe, redoutant probablement de m'en voir épuiser les effluves ; je dus me faire violence pour la lui restituer.

Peu après, on m'en râpa une petite partie sur un risotto fumant.

Ce n'était pas mauvais non plus comme ça.

TRUFFE NOIRE DU PÉRIGORD

TUBER MELANOSPORUM

(rabasse en provençal)

C'est une truffe à péridium noir, verruqueux, à reflets un peu rougeâtres surtout lorsqu'elle n'est pas bien mûre. La chair (*gleba*) est finement marbrée blanc et noir. Les spores noires, elles aussi, au nombre de deux, trois ou quatre par asque, sont échinulées. On ne la trouve qu'en Espagne, Italie et en France où son aire de production est très étendue. Le Sud-Ouest et le Sud-Est se partagent la production mais elle est fréquemment trouvée dans les Pyrénées-Orientales, dans l'Ariège, en Savoie, en Poitou-Charentes et jusque dans la Meuse. A eux seuls, les départements du sud-est de la France peuvent, certaines années, être responsables de plus de quatre-vingts pour cent de la production nationale. Désormais, lorsque nous parlerons de truffe dans cet ouvrage, il s'agira de *T. Melanosporum*. Son nom botanique est "truffe du Périgord", malgré la disproportion qu'il existe entre les productions enregistrées dans cette région et la nôtre. C'est ainsi que le plus légalement du monde, une truffe récoltée à Richerenches (Vaucluse), Rognes (Bouches-du-Rhône) ou Montagnac (Alpes-de-Haute-Provence) pourra être vendue comme truffe du Périgord. Il existe, à

Marseille et ailleurs, de nombreux soi-disant connaisseurs qui se font expédier à grands frais des truffes de Cahors ou de Périgueux, lesquelles ont été récoltées à Aix-en-Provence huit jours avant et ils jurent, en les dégustant, qu'il n'est de bonne truffe que du Périgord. Beaucoup parmi eux ignorent même qu'on récolte des truffes en Provence. Mais, répétons-le, sur un plan purement juridique, la chose est aussi légale que de récolter et vendre du muscat de Hambourg dans la banlieue lyonnaise par exemple.

Quelles sont les meilleures truffes ? Celles de Provence ou celles du Sud-Ouest ? Les truffes d'Italie (*T. Melanosporum*), si décriées dans la presse, ne seraient-elles pas de qualité inférieure ? Et celles d'Espagne? Des appellations telles que "perle noire du Luberon" ou "truffe noire du comtat Venaissin" garantissent-elles un produit supérieur ?

Au risque de m'attirer certaines inimitiés, il me faut répondre à ces questions, en disant, là encore, qu'elles sont dénuées de sens. Il existe d'excellentes truffes dans le Sud-Ouest de la France, comme en Italie et en Espagne. Il en existe aussi d'exécrables. Mieux, des terroirs réputés pour l'excellence de leur production, comme le Tricastin, le Sarladais ou la région de Lalbenque, pour n'en citer que quelques-uns, peuvent présenter, certaines années où les conditions météorologiques auront été défavorables, des truffes très médiocres, petites et très dures qu'on appelle "truffes boisées". Le gel peut aussi avoir endommagé la récolte. A l'inverse, des départements moins prestigieux dans le domaine trufficole, comme les Pyrénées-Orientales ou les Hautes-Alpes par exemple, pourront dans le même temps s'enorgueillir de productions éblouissantes. On le voit, rien n'est simple chez la truffe, ce qui en fait un aliment extrêmement déconcertant pour le consommateur non averti. Il est temps que l'amateur pose une truffe fraîche dans un récipient, en hume le parfum longuement, en croque un morceau cru, confectionne ensuite une brouillade qu'il goûtera avec le même recueillement qu'un chevalier du taste-vin le fait avec un bourgogne réputé et qu'il décide enfin si elle est bonne et si elle lui plaît. Et peu importe d'où elle provient ! Il est temps de réapprendre à ceux qui le désirent ce que sont le parfum et le goût de la truffe. Ce livre se propose humblement de les y aider.

Il faut néanmoins reconnaître que, toutes choses étant égales du point de vue météorologique, certains terroirs sont plus réputés que d'autres. Un célèbre conserveur de Cahors à d'ailleurs reconnu un jour en public que la meilleure truffe du monde était celle de Richerenches.

La récolte des truffes se fait des premières aux dernières gelées, c'est-à-dire, en gros, du 15 novembre à fin février. Les toutes premières sont peu parfumées et peu colorées, marbrées blanc et gris. Elles se conservent très mal, peuvent pourrir en une nuit et devenir alors toxiques. Mais, de semaine en semaine, leurs qualités s'améliorent et quand arrive Noël, il y en a beaucoup qui sont irréprochables. Cependant, il en reste encore quelques-unes d'immatures. Il est très difficile, de visu, de savoir lesquelles, à moins d'en couper un morceau (de les "canifer", dit-on dans la profession). Cette vérification, pourtant souhaitable pour le consommateur, sera probablement rejetée avec indignation par le vendeur. La sacro-sainte habitude de manger des truffes à Noël est donc une hérésie gastronomique, car on n'a aucune certitude quant à la qualité du produit. C'est également un non-sens économique car elles sont plus chères. Le vrai connaisseur, lui, sait bien que les meilleures truffes se dégustent entre le 15 janvier et le 15 février. L'excellence est alors la règle. Au-delà, on risque d'en trouver de mauvaises ou qui se décomposent rapidement. Pourtant, rien n'est jamais finalement absolu et il m'a été donné, cette année même (1992), de récolter les plus extraordinaires truffes de ma vie après le 7 mai, alors que les marchés aux truffes étaient fermés et les arbres déjà en feuilles depuis longtemps.

Je n'avais jamais vu ça !

En Provence, la récolte des truffes de printemps peut ménager d'autres belles et gourmandes surprises. Il n'est pas rare d'afficher au menu avec la brouillade de truffes : salade des champs à l'huile d'olive, morilles à la crème et asperges sauvages à la vinaigrette ; une manière, pour les papilles gustatives de célébrer le "Sacre du Printemps" qui donne un avant-goût de ce que devrait être le paradis.

Que dire du parfum de la truffe? Il me faut, je crois, justifier l'emploi du terme lui-même. On me reprochera, avec quelque raison, de ne pas utiliser le mot "arôme" évoquant plus justement les qualités odoriférantes d'un végétal destiné à l'alimentation. On parle ainsi de l'arôme d'un vin ou d'un café. Le mot parfum semble réservé plus particulièrement aux odeurs agréables susceptibles de flatter notre odorat plutôt que notre goût ; on dit le parfum de la rose ou du jasmin. Mais dans la truffe ces qualités odoriférantes l'emportent très largement sur les qualités gustatives, somme toute assez banales. Essayez de savourer une brouillade de truffes le jour où vous serez atteint d'un bon rhume de cerveau et vous comprendrez ce que je veux dire. On peut s'extasier, s'enivrer, se pâmer, se régaler, s'ensorceler, se droguer à en devenir "accro" avec le parfum de la truffe pendant des jours et des jours, alors qu'on fait le tour de son goût en quelques bouchées seulement. J'ai aussi récusé le mot "arôme" car je trouve qu'il s'acoquine un peu trop souvent ces derniers temps avec l'adjectif "artificiel". Il n'est pour s'en convaincre que de lire attentivement les étiquettes des produits alimentaires. Le mot arôme finit par prendre mauvais genre. D'ailleurs, comme on pouvait s'y attendre, l'arôme artificiel de truffe a fait son apparition. Je dirai plus loin ce que j'en pense. Enfin, et cela l'a emporté, rabassiers, trufficulteurs, courtiers, conserveurs, vendeurs, tuberophages, truffophiles et gastronomes avisés ne jugent une truffe qu'à l'aune de son "parfum" ; sauf lorsque, avariée, elle dégage une mauvaise "odeur".

Mais d'arôme point.

Pour les scientifiques, peu poètes, sinon de nature du moins de formation, le parfum de la truffe est soufré, aminé, pyridique proche de certaines bases azotées ou certains acétals cycliques, etc. Nous, on veut bien, mais comme il n'est pas donné à tout le monde d'avoir le nez fourré à longueur de journée dans "certains acétals cycliques", essayons de le décrire, pour autant qu'on puisse décrire un parfum, en des termes plus accessibles. Le plus simple est encore de laisser parler les néophytes, ceux qui sentent une truffe fraîche pour la première fois. Innocente et sans parti pris, leur opinion est précieuse.

C'est, disent-ils généralement, un parfum sucré, chaud, capiteux, entêtant, unique et très puissant. Avec un peu plus d'expérience on peut dire que c'est un parfum rassurant, apaisant qui laisse une impression de quiétude et de bien-être. C'est un parfum qui donne envie de connaître à nouveau le plaisir de le sentir. C'est un parfum qui évoque le giron d'une mère. C'est un parfum de même nature que celui de ces chambres chères à Georges Brassens dans lesquelles, *il y a une odeur d'amour tendre et de bonheur.*

La truffe est finalement un végétal dont le parfum a quelque chose d'animal. Curieusement l'odeur du maïs en boîte et l'arôme de certains rhums blancs évoquent aussi, mais de loin, le parfum de la truffe. C'est un parfum qui se marie bien avec l'odeur du bois de chêne qui brûle dans la cheminée et celle, chaude, des chiens dont les poils ont été peignés par les plantes de la garrigue tout au long d'une journée de "cavage".

C'est un parfum, enfin, qui ne procure pas plus de plaisir en juillet (truffes congelées) que celui des fraises d'Afrique du Sud à Noël.

Sensoriellement parlant, on ne fera pas une bonne affaire en séparant la truffe de son contexte olfactif saisonnier.

Sans atteindre les sommets vertigineux de *T. Magnatum,* la truffe noire, dite du Périgord, a vu son prix sur les marchés de gros et brut de cueillette friser les trois mille francs le kilo pendant la campagne 1991-1992.

TRUFFE DE BOURGOGNE
TUBER UNCINATUM

C'est une truffe assez rare en Basse-Provence, mais qu'on rencontre de plus en plus fréquemment dès qu'on s'élève en altitude. Elle est très commune en Bourgogne, Lorraine et même, paraît-il, aux environs de Paris. Elle pousse sous de nombreux feuillus, dont le charme. Elle est moins exigeante en lumière que *T. Melanosporum.* Son péridium est noir avec de grosses verrues, dites "pointes de diamant", ses spores sont alvéolées. Mûre à point, elle présente à la coupe une chair de couleur chocolat striée de blanc, dont la trame est plus lâche que celle de *T. Melanosporum.* C'est une bonne truffe, mal connue en Provence. Son odeur ne possède pas la puissance du parfum de *T. Melanosporum,* mais demeure estimable car agréable et délicate. Elle fait actuellement l'objet d'une promotion de la part des régions productrices, d'autant plus justifiée que son prix est relativement raisonnable : environ le tiers de celui de *T. Melanosporum.* On conseille de l'utiliser peu cuite et il nous a même été permis de déguster à Auxerre un sorbet à la truffe de Bourgogne crue qui ne nous a laissé que de bons souvenirs. Les aliments destinés à être apprêtés avec *T. Uncinatum* doivent s'imprégner de son arôme. Il faut donc les laisser séjourner avec les truffes un jour ou deux au frais dans un bocal hermétiquement fermé (jalade).

TRUFFE D'ÉTÉ, TRUFFE DE LA SAINT-JEAN
TUBER AESTIVUM

C'est une truffe lourde, coriace, parfois très grosse. Son péridium noir est verruqueux, avec des verrues tout à fait semblables à celles de

T. Uncinatum. Ses spores sont, elles aussi, alvéolées. Son territoire est très étendu puisqu'on la trouve, paraît-il de l'Espagne et de l'Italie jusqu'en Allemagne et même dans le sud de l'Angleterre, où elle est superbement dédaignée par les sujets de Sa Gracieuse Majesté. Elle est fréquente en Provence où on la récolte souvent auprès des chênes verts et des pins d'Alep dans des terres plutôt marneuses. Elle présente le phénomène du "brûlé" mais parfois plus discrètement que *T. Melanosporum*. Sa période de production se situe au mois de mai où on l'appelle Maïenco et au mois de juin où elle prend le nom de Juanenco. Mais on peut en trouver tout l'été s'il ne fait pas trop sec. Elle a une odeur de terre chaude et de rave pas très appétissante et les Provençaux auraient plutôt tendance à la considérer avec mépris. Pourtant des chefs courageux et imaginatifs ont entrepris de l'apprêter et ont obtenu des résultats encourageants. Son prix, compte tenu de sa piètre valeur culinaire, a été longtemps relativement élevé. On se demandait : "Mais qui donc achète ça ?" En fin 1990 éclatait le scandale de Carpentras où des conserveurs peu scrupuleux vendaient diverses choses sous l'appellation "truffes du Périgord". Quatre mois plus tard il y eut une belle production de *T. Aestivum* dont les prix tombèrent de huit cents ou neuf cents francs le kilo à moins de deux cents francs.

On ne se pose plus la question désormais. On sait!

Un curieux débat anime les discussions des taxonomistes depuis de nombreuses décennies : *T. Aestivum* ne serait-elle pas une forme immature de *T. Uncinatum* ? Les deux truffes ont le même aspect et les spores se ressemblent beaucoup. Par contre, elles ne se récoltent pas en même temps (*T. Uncinatum* se récolte à l'automne et jusqu'au début de l'hiver) et surtout leurs qualités organoleptiques n'ont rien de commun. Ce sont deux truffes pratiquement identiques sous l'objectif du microscope mais totalement différentes dans l'assiette du gourmet. Ce dernier argument, essentiel pour l'amateur de truffes, ne tient pas la route très longtemps pour le taxonomiste. Les haricots verts consommés en salade ne ressemblent guère aux haricots en grains de la même espèce mais servis sous forme de cassoulet. Par contre, on peut se demander comment un champignon immature a pu se perpétuer si longtemps.

Le monde des champignons est décidément bien déconcertant.

TUBER BRUMALE

(truffe musquée)

C'est une truffe au péridium d'un noir intense, verruqueux, peu adhérent, toujours dépourvu des reflets rougeâtres de *T. Melanosporum*. A la coupe, le marbré blanc et noir, lui aussi, est moins serré. Les spores hyalines et échinulées sont légèrement plus ellipsoïdes que chez *T. Melanosporum*, mais il faut un sens aigu de l'observation pour faire la différence au premier coup d'œil. Elle est abondante en Provence où elle concurrence *T. Melanosporum* dès que le sol devient un peu plus riche en matières organiques ou que l'on y apporte des engrais azotés. Sa période de récolte est, à peu de choses près, la même que celle de *T. Melanosporum* ainsi que son aire de production.

Il s'agit donc, microscopiquement et macroscopiquement parlant, de deux truffes qui ont beaucoup de points communs. Par contre, *T. Brumale* est une truffe à l'odeur répugnante et au goût exécrable : une simple brisure est capable de vous gâcher la plus délectable des brouillades. La législation est très laxiste à son égard et tend à confondre les deux espèces. C'est un véritable scandale et une insulte à l'égard du connaisseur. On en importe ainsi, le plus légalement du monde (d'Espagne en particulier sous l'appellation "truffe Magenta"), pour la charcuterie et la conserve.

TUBER RUFUM

(Nez de chien)

C'est une petite truffe rarement plus grosse qu'une noix. Le péridium est lisse, d'une couleur allant du gris clair au roux ; les spores sont échinulées avec des épines courtes, l'odeur forte, phénolique, un peu citronnée, est très facilement identifiable. L'intérêt gastronomique est réduit mais elle n'est pas toxique. J'en ai personnellement consommé plusieurs fois, râpées sur une salade de pommes de terre bouillies. Son principal intérêt est d'entretenir avec *T. Melanosporum* des rapports qui intéressent le trufficulteur : lorsque, sur une truffière cultivée, apparaît au pied d'un arbre *Tuber Rufum*, c'est souvent bon signe. Il y a de fortes chances pour que, dans les deux ou trois ans qui suivent, *T. Melanosporum* puisse être récoltée. Dans la région de Riez et Valensole (Alpes-de-Haute-Provence)

Deux belles rabasses !

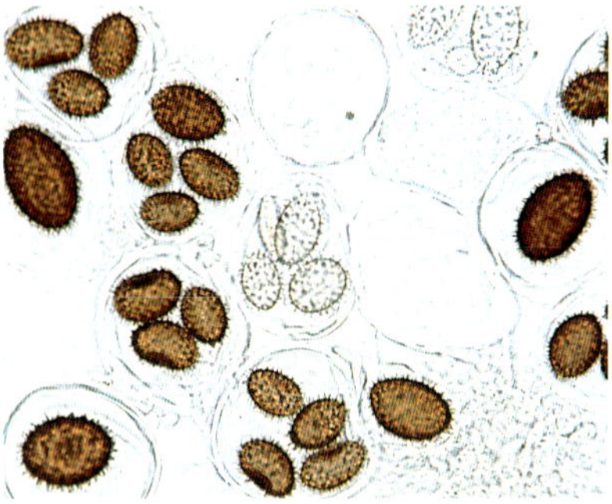

Spores Tuber Melanosporum

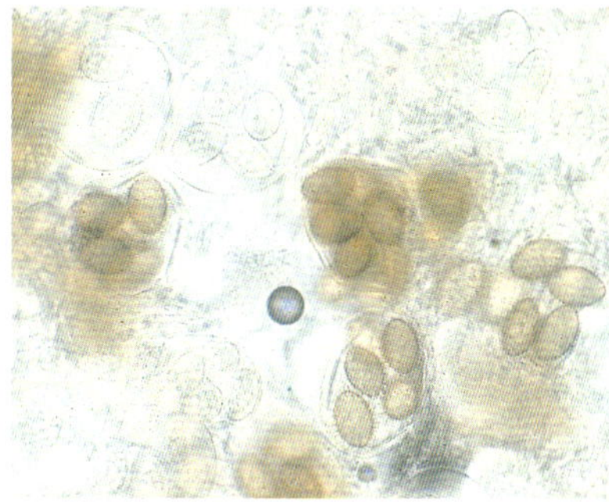

Spores Tuber Brumale.

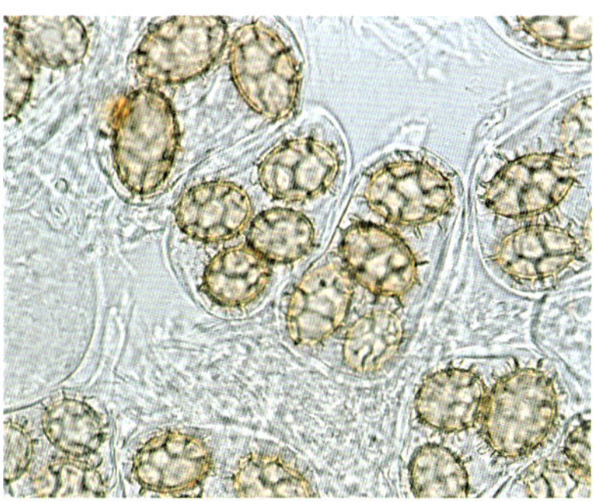

Spores Tuber Uncinatum.

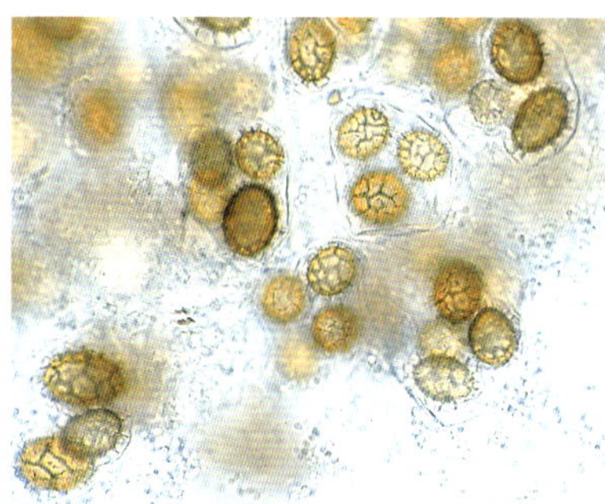

Spores Tuber Aestivum.

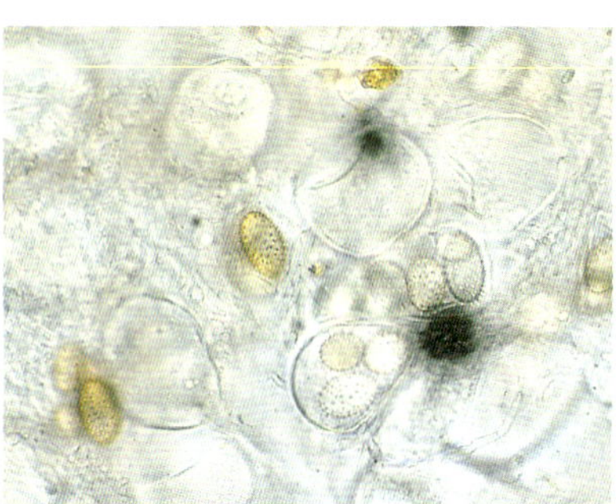

Spores Tuber Rufum.

Mycorhize de Tuber Melanosporum.

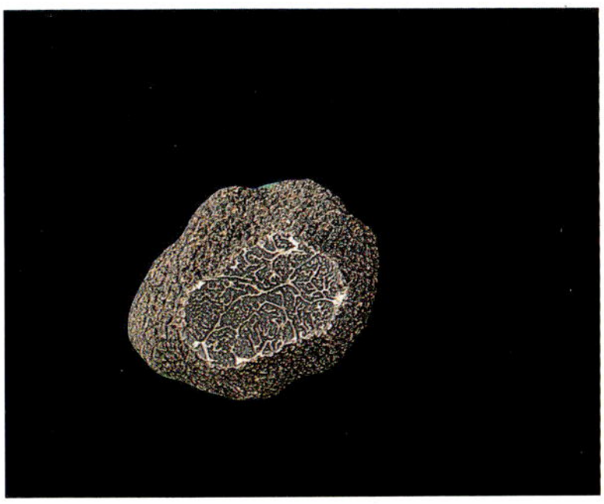

Tuber Melanosporum.

Tuber Brumale.

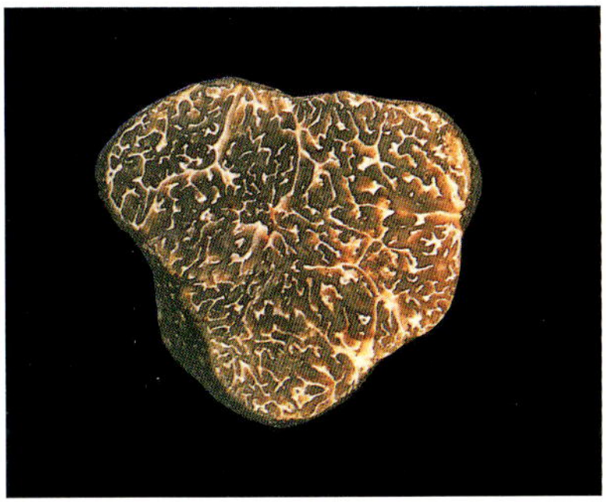

Tuber Uncinatum *(coupe).*

Tuber Aestivum *(en haut)*
et Tuber Nitidum *(au-dessous)*

Tuber Rufum.

Tuber Magnatum.

Paul Bonnet

*Eminent trufficulteur,
pionnier de l'irrigation
des truffières.*

on appelle d'ailleurs *T. Rufum* "l'indice". Par contre, lorsque après des décennies de production de truffes nobles, *T. Rufum* réapparaît, cela signifie que la truffière est sur le déclin. On la trouve souvent en Basse-Provence, en bordure des champs de lavande et des vignes abandonnées. On la surnomme "nez de chien", parce que les chiens la grattent volontiers probablement pour faire perdre du temps à leur maître.

Les chiens truffiers sont très taquins, tout le monde vous le dira.

TUBER MÉSENTÉRIQUE
ou *T. Bituminatum*

C'est une truffe au péridium noir, pourvue d'une fossette basilaire et aux spores alvéolées. En Provence, où elle n'est pas, à ma connaissance, consommée volontiers, on la trouve parfois au pied des chênes verts. Elle a une odeur et un goût très forts. Dans certaines régions de France (en Lorraine et en Bourgogne par exemple), elle est utilisée pour parfumer les pâtés et les sauces, à la grande satisfaction de la population. Les Italiens en raffolent mais ils sont si enragés de truffes, *ceux-là*, que plus rien ne nous étonne de leur part : ils consomment même les *T. Macrosporum* dont l'odeur d'éther sulfurique est pourtant particulièrement répulsive.

TUBER BORCHII

C'est une petite truffe au péridium lisse d'un blanc sale. Ses spores sont alvéolées. Elle est rarement découverte en Provence parce que non systématiquement recherchée. Elle a une odeur qui ressemble singulièrement à celle de *T. Magnatum.* En Italie (encore!), elle sert de succédané à cette dernière sous le nom de "Bianchetta" ; c'est là-bas la truffe blanche du pauvre.

CHAPITRE III

NAISSANCE, VIE ET MORT D'UNE TRUFFIERE

On ne va tout de même pas prétendre
que la merde est immorale.

Milan Kundera
L'insoutenable légèreté de l'être

"Et puisqu'il faut que rien ne se perde
Dans la nature, dans la nature
Où tout est bon, où tout est bon..."

La pompe à m...., chanson paillarde, vraisemblablement fin du XIXe siècle, peut-être la première prise de conscience écologique dans la chanson populaire.

Les plantes ont bien de la chance. Sédentaires par définition, elles n'ont même pas besoin de courir par monts et par vaux pour trouver leur nourriture qu'elles puisent directement sur place, tandis que l'eau du ciel leur tombe sur la tête. En revanche, leur vie sexuelle doit être un enfer de frustrations. Supposons que l'objet de tous vos désirs se trouve à quelques mètres seulement et qu'il vous soit tout à fait impossible d'entrer en contact étroit avec lui, vissé au sol que vous êtes. Il existe heureusement des insectes ailés, dit pollinisateurs, dont l'abeille est un parfait exemple, qui vont servir d'entremetteurs patentés.

Encore faut-il que ces insectes trouvent un intérêt quelconque à jouer ce rôle : on a rarement affaire, dans la vie courante, à des gens qui travaillent pour rien.

Avec une imagination infinie, les plantes ont alors trouvé d'innombrables expédients pour convaincre les insectes de les aider à mélanger leurs gènes, ce qui reste encore le meilleur moyen d'obtenir une descendance robuste. Ainsi, les fleurs, qui ne sont, à y regarder de près, que les organes génitaux des plantes, dispensent-elles un généreux et nourrissant nectar. Nombreuses aussi sont celles qui poussent la complaisance jusqu'à se parer de vives couleurs pour signaler leur présence aux plus myopes tandis qu'elles émettent de puissants et délectables effluves susceptibles de mettre en appétit les plus anorexiques. Il est même des plantes, comme l'orchidée marteau, qui ont résolu le problème de leurs amours difficiles en flattant la lubricité des insectes : elles prennent l'odeur et l'apparence de l'insecte femelle ; le mâle trompé s'épuise longuement en un coït stérile et contre nature mais se beurre au passage de pollen qu'il déposera sur une autre fleur lors d'une tentative ultérieure.

Dans le cas de la truffe, le problème se complique. Irrémédiablement fixé en un endroit précis, le champignon, comme chacun sait, se développe en outre sous terre, c'est-à-dire sans contact direct avec le monde extérieur. Si rien n'est fait, sa semence (spores) ne sera pas disséminée et l'espèce disparaîtra.

Pour éviter cela, la truffe va tout mettre en œuvre pour se faire manger par un prédateur qui se révélera un allié précieux grâce à sa mobilité. Encore faut-il que ce dernier soit prévenu de la présence de la truffe que rien ne trahit à la surface du sol. Il n'y a qu'un moyen : il consiste à émettre un parfum suave, appétent et surtout d'une puissance telle qu'il puisse traverser jusqu'à trente centimètres de la terre la plus compacte.

L'animal, ainsi séduit, creuse le sol énergiquement, dévore le précieux tubercule avec délectation, puis, après une petite promenade digestive, s'en va satisfaire ses besoins naturels un peu plus loin.

La truffe a conquis la maîtrise de l'espace grâce à la magie de son parfum.

Dans la nature, les prédateurs ne manquent pas : le sanglier par exemple, très friand de truffes, peut parcourir des distances importantes. Le campagnol se déplace moins mais on peut imaginer qu'il serve de casse-croûte à un rapace avant complète digestion d'une truffe. Il y aura alors ensemencement indirect et différé, scénario qui peut se produire également avec les insectes prédateurs comme les *Leodes Cinamomea*. Les excréments eux-mêmes peuvent être envahis par des insectes coprophages dont les larves ne devraient pas laisser indifférents les oiseaux insectivores. Enfin il est tout à fait vraisemblable que les déjections de tous finiront par sécher au soleil et seront réduites à l'état de poussière. Le vent et la pluie termineront alors la grande dispersion des spores.

L'homme est, de nos jours, l'animal qui consomme probablement le plus de truffes et il est navrant de constater à quel point il court-circuite un système si ingénieusement échafaudé. D'abord, il se régale de truffes cuites, ce qui rend les spores impropres à la germination, mais surtout, avec la généralisation de l'usage des fosses septiques et du tout-à-l'égout, il réduit à néant, sans même s'en rendre compte, tous les espoirs que la truffe avait placés dans sa gourmandise.

Allons plus loin et, en nous excusant par avance auprès des lecteurs délicats, pour le caractère un peu scatologique des digressions qui vont suivre, notons ceci : tout rabassier d'un peu d'expérience vous confiera qu'il n'existe point de meilleures terres à truffe que les vieilles vignes abandonnées ou les abords des ruines. Or, pendant des siècles et en l'absence d'engrais chimiques, on fumait champs et jardins avec du crottin de cheval, de la colombine, de la bouse de vache, du lisier de porc, du fumier de mouton... et bien sûr, avec des excréments humains. Le *Vaï caga a la vigno* était alors le mot d'ordre dans les campagnes. Quand on sait, d'autre part, qu'en Provence et surtout dans les milieux ruraux, les truffes étaient la plupart du temps consommées crues (râpées sur une salade frisée bien blanche et sur la brandade de morue par exemple) ou très peu cuites (en lamelles dans une brouillade bien baveuse), il n'est pas interdit de penser que des milliards de spores enfouies dans le sol attendent patiemment qu'un gland de chêne vienne germer à proximité pour sortir de leur état de dormance. Ceci expliquerait pourquoi les truffières sauvages (ou spontanées) sont si abondantes dans notre région.

A l'inverse, dans le Sud-Ouest, on assiste avec tristesse à la disparition progressive et, semble-t-il, inéluctable des truffières sauvages. Or, l'utilisation de la truffe dans la gastronomie prestigieuse et élaborée de ces contrées est radicalement différente. Là c'est le paradis du gourmet avec les pâtés truffés, les foies gras truffés, les truffes sous la cendre, les ragoûts de truffes. La conservation par le procédé Appert fait partie de la tradition. La truffe se consomme cuite et bien cuite. On semble même se méfier de la truffe crue, peut-être à cause de la présence dans le sol de la "petite douve du foie de mouton" car on s'interdit également dans certains cantons de consommer la salade des champs et on cultive le pissenlit derrière un grillage à l'abri des troupeaux, comme j'ai pu le constater plusieurs fois avec surprise. Hélas, toutes ces savoureuses et cholestérogènes spécialités sont extrêmement néfastes pour la survie des spores, irrémédiablement stérilisées par la chaleur.

Les truffières sauvages prospèrent en Provence, tandis qu'elles disparaissent en Quercy et Périgord. Les habitudes alimentaires de ces régions étant radicalement différentes, est-il vraiment déraisonnable d'y voir une relation de cause à effet ? Nous proposons une explication qui en vaut bien une autre.

Revenons-en à nos spores de truffes éparpillées un peu partout dans la nature. Elles attendent. Elles peuvent attendre longtemps : des années sûrement, probablement des siècles, peut-être des millénaires. Un éminent chercheur a même émis l'hypothèse qu'elles auraient pu survivre aux grandes ères glaciaires. Mais arrive enfin le jour où un gland vient à germer à proximité de l'une d'elles, réveillant du coup la belle endormie. La spore germe ; un fin filament mycélien apparaît qui va se fixer sur les radicelles de la plantule toute proche et induire la formation d'une mycorhize.

De proche en proche, les mycorhizes se multiplient et envahissent le système racinaire du chêne au fur et à mesure que le temps passe. Dès la quatrième ou cinquième année, des modifications surprenantes se produisent autour de l'arbre. Les plus hautes herbes dépérissent et laissent la place à des espèces plus petites. Apparaît bientôt une zone chauve, plus ou moins circulaire, qui va s'élargir progressivement. C'est le "brûlé", terme que nous empruntons aux gens du Sud-Ouest, car il est sans ambiguïté. En Provence, on dit souvent que l'arbre "marque" mais, dans la terminologie trufficole de chez nous, on dit aussi que le chien truffier "marque" lorsqu'il entreprend de gratter le sol sous lequel il a senti une truffe. Il existe aussi des truffes de "marque" qui sont suffisamment grosses pour soulever le sol dès la fin de l'été et on peut donc chercher les truffes "à la marque". Enfin, il est de notoriété publique que le rabassier tout crotté "marque mal". Pour un peu on s'y perdrait. Il existe, dans certaines localités, des termes particuliers : ainsi, dans la région de Riez et de Valensoles, lorsqu'un arbre *tareje* (orthographe non garantie), c'est-à-dire lorsqu'il "brûle", on est quasiment certain qu'il va "ouvrir" bientôt, entendez par là : produire des truffes.

La disparition progressive de la végétation herbacée a fait l'objet de deux tentatives d'explications. On a pensé d'abord qu'il y avait concurrence pour l'eau entre le mycélium et la végétation, ce que corroborait le fait que, sur les truffières arrosées, on récoltait des truffes dans l'herbe (P. Bonnet). On pense maintenant que le mycélium truffier sécrète des substances herbicides du type coumarine.

Le phénomène du "brûlé" est commun à beaucoup d'espèces de

truffes. C'est ainsi que *T. Uncinatum* et *T. Aestivum* "brûlent", on l'a vu mais de manière moins évidente. *T. Magnatum* ne "brûle" pas ; son éventuelle découverte en France n'en est que plus hypothétique.

La puissance destructive d'un "brûlé" à l'égard de la végétation est étonnante. Un "brûlé" peut éliminer en un seul été des dizaines de pieds de lavande cultivée et même des ceps de vigne solidement enracinés depuis des lustres. On a vu des "brûlés" faire périr des cades et des genévriers centenaires.

Avec le "brûlé", on note d'autres modifications qui concernent la structure du sol : la terre devient légère, spongieuse, le pied s'enfonce légèrement, donnant l'impression que des légions de lutins l'ont labourée par en dessous. Sa couleur change aussi et s'éclaircit. Les cailloux qui jonchent la surface blanchissent comme si les lichens, qui leur conféraient une couleur grise, disparaissaient devant la progression de la truffe. Un petit nombre seulement d'espèces végétales survivent mais sont très clairsemées : les sédums, la fétuque ovine et l'épervière piloselle. Cette dernière plante a un comportement tout à fait particulier : juste avant que le "brûlé" n'apparaisse, elle peut former un tapis serré du plus bel effet. Puis, elle disparaît brusquement, à l'exception parfois de quelques exemplaires. Si, des années plus tard, elle réapparaît sur la truffière en production aussi soudainement qu'elle avait disparu, il y a tout lieu d'être pessimiste car c'est le signe que la truffière est entrée en agonie.

Divers champignons comestibles peuvent se rencontrer sur les "brûlés" ou à proximité, comme les morilles, les helvelles et l'inocybe jurana, l'un des rares inocybes qui ne soit pas toxique. En Provence, on appelle d'ailleurs ce champignon le "truffier" et certains, manifestation exemplaire d'autosuggestion, lui trouvent même un petit goût de truffe.

Un beau jour, "l'arbre fait sa puberté", comme le dit joliment Verlhac, et se met à produire ses premiers glands. Il faut être vigilant car c'est le moment où les premières truffes peuvent déjà se récolter. Le mycélium s'anastomose en pelotes très nombreuses qui vont donner des "bébés truffes" dès la fin mai. Qu'il pleuve suffisamment au printemps, qu'éclate le célèbre orage du 15 août, que l'automne ne soit pas trop sec et les truffes seront abondantes tout au long de l'hiver qui suivra. Les premières truffes que produit un chêne truffier sont souvent énormes, comme si l'arbre, dans le cas d'une truffière cultivée, voulait nous remercier d'avoir eu la patience de le chouchouter pendant de si longues années. Elles sont même parfois si grosses qu'elles font craqueler le sol dès le début septembre. Ce sont les truffes de "marque" (truffes "fleurs" ou "mères") dont nous avons déjà parlé. On se gardera bien de les déterrer dès leur apparition car elles n'ont ni goût ni odeur. Par contre, il est de bonne pratique trufficole de les recouvrir d'un peu de terre ou d'herbe sèche afin de les protéger du gel, de la dessiccation et des regards indiscrets. Dans le temps, les braconniers avisés et respectueux de la truffe posaient un grain de blé dans une fissure de la protubérance. Ce grain germait et leur permettait de retrouver facilement l'emplacement de la truffe pendant l'hiver. Dès l'apparition des premières mouches qui signaient sa parfaite maturité, la truffe était prestement subtilisée. Le braconnier moderne la déterre dès qu'elle manifeste sa présence, l'entrepose dans son congélateur et la revend sans vergogne à Noël, mêlée à d'autres, mûres à point celles-là.

C'est une pratique particulièrement révoltante et même sacrilège car, non seulement on vend fort cher aux consommateurs un produit sans intérêt, mais encore on sacrifie ce qui serait devenu quelques mois plus tard un mets délicieux.

En Provence, les principaux arbres susceptibles de produire des truffes *T. Melanosporum* sont le chêne pubescent (*Quercus Pubescens*) et le chêne vert (*Quercus Ilex*). Le chêne vert est très résistant à la sécheresse et se plaît beaucoup en Basse-Provence mais, dès que l'on s'élève un peu en altitude, le chêne blanc, moins sensible au gel, prédomine. Le noisetier, assez rare à l'état indigène, a la réputation de produire plus tôt. Il est sensible à la sécheresse lorsqu'il est très jeune, mais il résiste bien, et parfois même mieux que le chêne pubescent, dès que son enracinement est assuré. D'autres essences peuvent produire des truffes : le pin d'Alep est rarement producteur mais quand cela arrive, les truffes ont un petit arrière-goût de résine, pas désagréable du tout, qui leur confère un charme particulier. Le chêne kermès (*Quercus Coccifera*) produit parfois des truffes très superficielles. Les chiens sont au désespoir car ils se piquent les coussinets et le museau en les cherchant et il faut souvent leur faire des bassesses pour qu'ils n'y renoncent pas. Les tilleuls et les cistes peuvent aussi produire des truffes et il m'est arrivé, une fois, d'en trouver une au pied d'un frêne.

Contrairement à ce que croient beaucoup de gens et même certains rabassiers expérimentés, les cades et genévriers ne sauraient être producteurs. Si l'on trouve des truffes sous leurs branches, c'est que le sol a gardé une certaine fraîcheur à cause de l'ombre et de l'humus mais il y a toujours à proximité un chêne responsable de cette production.

Avec les années qui passent, le système racinaire s'étend et le "brûlé" aussi. Lorsque l'arbre vieillit les branches grandissent, s'allongent et ne portent plus de feuilles qu'à leur extrémité. Il en va de même pour les racines dont le chevelu s'éloigne peu à peu du tronc, entraînant avec lui les mycorhizes, le mycélium et, bien entendu, les truffes. Peu à peu, l'herbe repousse là où elle avait commencé par disparaître et le "brûlé" prend la forme d'un anneau. Il peut s'excentrer et même se désolidariser de l'arbre. On observe ainsi des "brûlés" situés sur le côté d'un chemin de campagne, alors que l'arbre producteur se situe de l'autre côté. On rencontre aussi des "brûlés" stériles qui n'ont jamais donné et ne donneront jamais de truffes. On pense aujourd'hui que de tels "brûlés" sont dus à un champignon inconnu dont les mycorhizes sont caractéristiques : les mycorhizes A D, ainsi nommés parce que les spinules présentent des ramifications à angle droit. Il arrive également que des "brûlés" que l'on supposait stériles depuis de nombreuses années se mettent un beau matin à produire des quantités incroyables de truffes (plusieurs kilos). Un tel phénomène, qui plonge toujours dans l'extase le rabassier le plus blasé, est généralement sans lendemain. Certaines années particulièrement favorables sur le plan météorologique, c'est-à-dire dont les étés abusivement qualifiés de pourris font le désespoir des vacanciers, voient se récolter, l'hiver venu, des quantités énormes de truffes : on en trouve sous des arbres qui n'ont jamais été producteurs et qui ne "brûlent" même pas. Comment, alors, ne pas penser que dans le milieu naturel, le nombre des arbres mycorhizés par *T. Melanosporum* est considérablement plus élevé que celui qu'on le croit habituellement ? Sur les racines de tels arbres cohabitent probablement les mycorhizes de nombreux champignons mais la concurrence doit être telle que la truffe ne s'exprime que lorsque les conditions météorologiques sont parfaitement favorables pour elle ou défavorables pour les autres. Quelques interventions humaines banales, tels : griffage du sol, taille de l'arbre, suppression des buissons gênants suffiraient peut-être à transformer une production exceptionnelle en production régulière. Il n'est d'ailleurs pas rare de voir des chênes, parfois très âgés et qui de mémoire de rabassiers n'avaient jamais produit la moindre truffe, se mettre brusquement à donner de belles récoltes, lorsque l'on procède à simple éclaircissage et un débroussaillement, comme cela se fait sur les bords de routes.

Parmi les heureuses surprises que peut connaître un rabassier, il y a “la récolte dans un vieux terrier de lapin”. Là, à l’abri de la lumière, libérées du poids de la terre et nullement gênées par les pierres, les truffes se développent dans des conditions idéales. Après que le chien a commencé à gratter la terre, vous vous mettez à caver à l’aide d’un tournevis et, brusquement, le toit du terrier s’effondre. Vous introduisez la main, puis le bras, dans le terrier et sortez truffes après truffes. Elles sont idéalement sphériques, rigoureusement propres et souvent très grosses et très nombreuses. On en trouve même au fond du terrier dans les poils que la lapine s’était arrachés du ventre pour confectionner un nid douillet à ses petits. Certains ont pensé à tort que les poils de lapin avaient des vertus particulières et ont enterré des poils de lapin dans les truffières. C’est en réalité le terrier lui-même qui a des vertus particulières. Quoi qu’il en soit, c’est là encore pour le rabassier une expérience inoubliable.

Le parfum des truffes varie dans le temps mais également selon le terrain. Les meilleures et les plus belles poussent dans les terrains sablonneux qu’affectionnent les chênes verts. Toutefois, ce type de terrain filtrant l’eau, on ne récoltera, à moins d’irriguer, qu’après un été particulièrement pluvieux. Il existe des terrains extrêmement caillouteux, comme par exemple les pentes du Ventoux, où il n’y a pratiquement que des pierres. La substance pulvérulente et noirâtre que l’on trouve entre les interstices n’est pas de la terre mais ce qui reste de la décomposition des feuilles des chênes verts et des cades. Les mauvaises herbes ne poussent évidemment pas sur des sols aussi pauvres, ce qui est un élément favorable. Les pierres jouent peut-être aussi le rôle de ce que les Anglo-Saxons appellent le *stone-mulching* : elles permettraient de garder la chaleur pendant les nuits et s’opposeraient à l’évaporation de l’eau. Les truffes abondent dans ces sols ingrats. Bien sûr, elles sont rarement très grosses et ont souvent des formes biscornues. Elles sont très cassantes et le cavage n’est pas une partie de plaisir. Inutile d’essayer le tournevis : il faut se servir du picholon, sorte de petit pic, comme d’un levier. Mais ces truffes sont parmi les meilleures du monde, tant leur parfum est puissant et suave.

Il y a enfin les sols d’argile rouge provenant de la dégradation des roches calcaires (rendzine) et qui retiennent bien l’eau. Les truffes souffrent moins des étés secs. Le chêne pubescent y trouve son terrain de prédilection. Les truffes y sont très souvent excellentes jusqu’à ce que la litière des arbres devienne par trop envahissante. Elles prennent alors une légère odeur de moisi qui heureusement disparaît dès qu’on les a brossées.

On peut donc dire avec J.-L. Besnard : “Ce n’est pas l’arbre qui fait la bonne truffe, mais la terre.”

Les truffières naturelles ou spontanées peuvent produire pendant des décennies, souvent au-delà de soixante-dix à quatre-vingts ans. Mais un jour vient le déclin.

Toutes les herbes que la truffe maintenait à distance reprennent *du poil de la bête*. Les cades, les genévriers, les térébinthes, les ronces, les prunelliers, les lavandins, les romarins, le thym, la sarriette et le serpolet s’unissent pour reconquérir le terrain, se multiplient et envahissent le “brûlé”.

Leurs litières, s’ajoutant à celle des chênes truffiers, acidifient le sol et le taux de calcaire actif diminue. La lumière du soleil parvenant au sol se fait rare : on dit qu’il y a fermeture du milieu. Le “brûlé” qui, jusqu’ici, connaissait une expansion constante commence à se rétrécir. Le sol redevient compact. Les truffes sont désormais moins nombreuses et plus petites. Les *T. Rufum* réapparaissent tandis que l’épervière piloselle déploie à nouveau son beau tapis bleuté.

C’est la fin.

La truffière est morte. Vive la forêt qui lui succède !

L’arbre, dans le meilleur des cas, aura produit des truffes pendant une cinquantaine d’années.

Le chêne pubescent peut vivre plus de cinq cents ans.

Le chêne vert dépasse parfois le millénaire.

On peut donc dire que la liaison que l’arbre entretenait avec le champignon n’aura finalement été pour lui rien de plus qu’un amour de jeunesse.

CHAPITRE IV

TRUFFICULTURE

"Si vous voulez des truffes,
Semez des glands."
Monsieur de Gasparin

Enfin un domaine de l'agriculture pour lequel ne se pose pas le problème des excédents !
Monsieur Henri Nallet,
alors Ministre de l'Agriculture, inaugurant l'Assemblée Générale de la Fédération Nationale des Producteurs de Truffes à Auxerre en 1988.

Pendant longtemps et comme pour la quasi-totalité des champignons, les truffes ont fait l'objet d'une cueillette sauvage. Les essais de culture n'ont pourtant pas manqué mais, ignorant le phénomène de la mycorhization et même le caractère fongique de la truffe, nos ancêtres essayaient benoîtement de la semer comme ils le faisaient avec les graines d'autres plantes. Les échecs, on s'en doute, furent la règle même si certains réussirent à se convaincre d'avoir obtenu quelques hypothétiques succès.

Au milieu du XVIIe siècle, monsieur de Montclar, du parlement d'Aix-en-Provence, ayant semé des glands en provenance de l'île de Malte dans sa propriété de Saint-Saturnin-d'Apt, eut la surprise, dix ans plus tard, de récolter des truffes.

L'expérience fut intéressante pour deux raisons.

D'abord, elle établissait la preuve de la relation incontournable entre l'arbre et le champignon ; mais surtout elle aurait dû tuer dans l'œuf la théorie fumeuse du gland truffier selon laquelle seul un gland provenant d'un chêne truffier est susceptible de donner naissance à un autre chêne truffier. Car, pour autant que nous le sachions, il n'y a

En hommage à Joseph Talon, père de la Trufficulture moderne.

jamais eu de truffes sur l'île de Malte et pourtant des chênes issus de glands maltais produisaient des truffes.

Deux siècles plus tard, G. Chevalier, de l'INRA de Clermont-Ferrand, mycorhizait des noisetiers de Byzance, espèce non indigène, avec *T. Melanosporum* et récoltait des truffes. Mais, en dépit de toutes ces expériences, il reste encore nombre de rabassiers pour souscrire sans réserve au dogme du gland truffier.

Les préjugés ont décidément la vie dure !

Quoi qu'il en soit, la découverte de De Montclar ne connut point d'applications pratiques immédiates. Mais, en 1811, Joseph Talon vint ! Le génial paysan, habitant le petit hameau de Croagnes, près de Saint-Saturnin-d'Apt (*encore !*), prit l'heureuse initiative de semer des glands de chêne sur une pauvre parcelle de terre qu'il possédait. On peut facilement imaginer qu'en consciencieux homme de la terre, il leur prodigua quelques soins élémentaires afin de favoriser leur croissance : binage au pied des arbres jeunes afin de leur éviter d'être étouffés par les mauvaises herbes, taille des branches basses pour effectuer plus commodément ledit binage et, pourquoi pas, quelques passages sur la totalité du terrain avec une charrue tirée par sa mule. Le résultat devait dépasser ses espérances les plus folles ; quelques années plus tard, il récoltait des truffes par banastes pleines à ras bord : la trufficulture était née ! Ayant, grâce à cette initiative remarquable, mis de côté une véritable petite fortune, il acheta à vil prix d'autres parcelles de terre particulièrement ingrate dont personne ne voulait et poursuivit discrètement ses plantations. Le rusé paysan ne révéla bien sûr son secret à personne, peut-être même redoutait-il un effondrement des cours de la truffe dans l'hypothèse où celui-ci eût été connu par trop de monde. Malheureusement pour notre cher Talon mais heureusement pour la trufficulture, il y eut une fuite. Son cousin, qui s'appelait lui aussi Joseph Talon (je le déplore pour la clarté du récit mais je n'y suis pour rien), homme envieux et jaloux de la fortune soudaine de notre héros, s'embusqua derrière quelques touffes de romarin et peu à peu, avec une opiniâtreté diabolique, perça à jour toutes les subtilités de ce qu'il faut appeler la *Méthode Talon*. Et d'entreprendre bientôt, lui aussi, des plantations avec les résultats que l'on devine. La découverte fit tache d'huile et en quelques lustres la campagne de Saint-Saturnin se couvrit de truffières, tandis que les marchés de la région regorgeaient du précieux tubercule grâce à la découverte de Joseph Talon (le vrai, pas le cousin).

Un tel homme méritait bien qu'on lui rendît hommage. C'est pourquoi une ravissante statue érigée en 1981, grâce à une souscription internationale, orne désormais une petite place du village de Saint-Saturnin. Certes, quelques esprits mesquins ont refusé de verser leur obole pour une aussi juste cause sous le prétexte que le secret dont aimait à s'entourer Talon était contraire à l'éthique scientifique, mais personne n'est parfait, n'est-ce pas ? Aussi, amis lecteurs, si d'aventure vous passez par Saint-Saturnin-d'Apt (Vaucluse), allez jeter un coup d'œil à la petite statue de notre grand homme, vous ne le regretterez pas, d'autant que cette sympathique bourgade, outre les truffes succulentes qu'on y récolte toujours en abondance, est fière d'une huile d'olive réputée dans toute la région.

Les nouvelles connaissances se répandirent comme une traînée de poudre. Quelques années plus tard, A. Rousseau de Carpentras, une autre grande figure de la trufficulture provençale, décida d'entreprendre de grandes plantations. Des récoltes abondantes de truffes magnifiques, savoureuses et délicieusement parfumées, récompensèrent ses efforts. Il obtint même la médaille d'or de l'Exposition Universelle de 1855.

Pendant ce temps, dans le Sud-Ouest et plus particulièrement en Quercy, Périgord et, dans une moindre mesure, dans le Poitou, des milliers d'hectares de vignobles avaient été ravagés par le phylloxéra de 1868, provoquant une grave crise économique. J'en connais qui auraient baissé les bras et se seraient abandonnés au plus profond désespoir. Mais les habitants de ces contrées étaient et sont toujours d'une autre trempe. Ayant constaté que la truffe prospérait sur les vignes dévastées, ils se frottèrent les mains en pensant "à quelque chose malheur est bon". Et les voilà bientôt, eux aussi, lancés dans la grande aventure de la trufficulture avec cet optimisme inébranlable, ce solide bon sens et ce pragmatisme de tous les instants qui n'appartiennent qu'à eux. Les progrès furent considérables et encore de nos jours nous restons confondus d'admiration par tant d'ingéniosité, de minutie et de finesse. Qu'on en juge : les glands étaient choisis selon un protocole rigoureux puis, après stratification, on les semait à raison, parfois, de plusieurs milliers à l'hectare. Dès l'année suivante, on supprimait les plantules chétives et mal venues. Avec des densités aussi considérables, on multipliait les chances de voir apparaître des "brûlés" et surtout les premières truffes pouvaient se récolter à partir de la cinquième ou sixième année. Afin d'éviter la fermeture du milieu, on éclaircissait sans cesse en supprimant les arbres non

"Brûlés" sur jeune plantation à Saint-Saturnin-lès-Apt.

La "marque".

Deux espèces de sédum.

L'épervière piloselle.

La mouche rabassière (Suillia Gigantea).

Leodes Cinamomea *sur* Tuber Aestivum.

Une jeune plantation à Valensole .

Plantation de M. Arotzarena à Vilaciervos (Espagne) : 680 hectares !

producteurs. Parfois, on utilisait des plants à racines nues qui permettaient de gagner encore une année ou deux. Ceux-ci devaient être mis en terre quelques heures seulement après arrachage. On disposait au fond du trou de plantation une grosse pierre plate dans l'espoir de favoriser la croissance des racines traçantes, seules productrices de truffes, aux dépens de la racine pivotante. Des truffes entières ou à défaut des tranches de truffes étaient déposées en contact avec les racines avant de refermer le trou. Pendant toute la période précédant l'apparition des premières truffes, le sol était, bien sûr, soigneusement débarrassé des mauvaises herbes. La taille des arbres devait permettre d'obtenir un sujet en forme de cône renversé afin que la lumière du soleil parvînt jusqu'au pied.

Arrivait enfin le jour de la première récolte. Le travail du sol changeait alors radicalement pour les arbres producteurs. L'outil utilisé était le "bigot", sorte de pioche à deux dents, typiquement périgourdine, qui permettait d'aérer la terre sans trop bouleverser sa structure. On partait du tronc où l'on piochait profondément en écorchant volontairement les grosses racines en voie de perdre leur chevelu pour induire la formation de nouvelles radicelles. Puis, en rayonnant vers la périphérie dans le sens des racines, on diminuait peu à peu la profondeur de travail et l'on rajoutait même un peu de terre sur les bords du "brûlé", là où les truffes sont très superficielles et donc sensibles au gel et à la dessiccation. Plus étonnant encore, on balayait les truffières afin que les feuilles mortes ne se transforment pas en humus, si préjudiciable à la truffe comme on l'a vu plus haut.

Les résultats étaient à la hauteur du travail fourni.

Des productions annuelles approchant la tonne n'étaient pas exceptionnelles pour une seule exploitation. Bien souvent, pour aller les vendre au marché, il fallait atteler l'âne et les charger sur un charreton. Enfin, plus proches de la capitale que nous, les Périgourdins valorisèrent leur production bien plus habilement que les Provençaux.

Car, entre-temps, Paris s'était entiché de la truffe. Il n'y avait pas un banquet, pas une réception, pas même un repas digne de ce nom, où l'on ne servît de la truffe. On en mangeait aux hors-d'œuvre, avec les viandes et les poissons et on l'incorporait même aux desserts. On la dégustait fraîche, marinée, conservée dans le sel ou dans le vinaigre, stérilisée par la méthode Appert et réduite en poudre après avoir été séchée. Villèle (1773-1854), dont le ministère devait être surnommé le *ministère de la truffe,* l'utilisa même pour sa cuisine électorale et divers trafics d'influence.

Le Sud-Ouest s'enrichissait. Les paysans avaient tous des domestiques et même des servantes. De nos jours encore, il n'est pas rare d'admirer, au détour d'un chemin, une de ces superbes maisons de maître, aux proportions harmonieuses, solidement bâties, faites pour durer et qui témoignent fièrement d'une opulence et d'une prospérité passée. Les vieux du pays vous diront : "C'est une maison de la truffe", c'est-à-dire une maison construite avec le bénéfice d'une seule saison de truffes qui ne dure, rappelons-le, que trois ou quatre mois.

La Provence, de son côté, n'était pas en reste. De nombreuses plantations étaient entreprises dans le Vaucluse, dans la Drôme, dans les Alpes-de-Haute-Provence et, dans une moindre mesure, dans le Var, le Gard et les Bouches-du-Rhône.

A la fin du siècle, la France produit le chiffre faramineux et contesté de deux mille tonnes de truffes par an (Chatin). Elle en exporte dans le monde entier, aux Etats-Unis et même jusqu'à la cour du tsar. *Tuber Melanosporum* s'appelle désormais truffe du Périgord, ce qui n'empêche pas les courtiers du Sud-Ouest de venir s'approvisionner sur les marchés de Provence où elle se vend meilleur marché.

Cet âge d'or va perdurer jusqu'en 1914, bien que, dès le début du siècle, ait déjà commencé une baisse de la production. Avec la grande guerre, la société française dans son ensemble, et plus particulièrement dans le monde rural, va connaître bien des bouleversements. C'est la grande saignée qui va vider nos campagnes, tandis que les plus beaux fleurons de la gastronomie s'effacent devant les cultures alimentaires de survie.

1918 : la guerre se termine et jusqu'à la suivante, les trufficulteurs donnent l'impression de dormir sur leurs lauriers, encore sous le choc du terrible traumatisme. Le déclin se poursuit car les plantations sont de moins en moins renouvelées.

1939 : la Seconde Guerre mondiale va porter un coup fatal à la trufficulture française. En 1945, la paix une fois rétablie, tout a changé et, en premier lieu bien sûr les mentalités. L'exode rural s'accélère. Pour une société qui s'urbanise de plus en plus, les aspirations ont changé. La voiture, l'électroménager, les congés payés, le sport, les distractions, le souci d'une mise plus soignée remplacent peu à peu la bonne chère au hit-parade des dépenses. L'influence du *way of life* à l'américaine commence à se faire sentir.

Il faut produire plus et plus rapidement avec le moins d'efforts possible. Le principe du *time is money* se généralise. Or, la truffe exige de la patience. Entre le moment où l'on referme le dernier trou sur le dernier arbre d'une plantation et celui où on ouvre le premier pour récolter la première truffe, il s'écoule au moins dix ans et souvent davantage. La production continue donc de baisser et laisse craindre une désaffection définitive et irréversible de la part du consommateur. En Provence, en particulier, les truffes tendent à n'être plus récoltées qu'à l'état sauvage, à l'exception peut-être des départements de la Drôme, du Vaucluse et des Alpes-de-Haute-Provence. Les paysans vieillissent, les jeunes partent à la ville. "Pourquoi planter, aujourd'hui, des chênes truffiers qui produiront pendant une trentaine d'années, alors qu'il n'y aura peut-être plus un seul membre de la famille pour les récolter ?" Mais les cultures en terrasses (*bancaou* ou *faïsses*), systématiquement abandonnées car inaccessibles aux engins mécaniques qu'impose l'agriculture moderne, voient les truffières spontanées apparaître en quantité. Ainsi, la production dans le Sud-Est connaîtra une baisse beaucoup moins sévère que celle du Sud-Ouest.

Rare, la truffe se fait chère et redevient peu à peu un "must" pour une certaine nouvelle bourgeoisie qui y voit, tout d'abord, davantage un élément de promotion sociale qu'un régal pour le palais.

Dans la fin des années soixante, apparaît également un désir de renouer avec la nature, les traditions et l'histoire. On cherche à se ressourcer, à vivre vrai, à ne pas bronzer idiot. A la nostalgie des anciens se joint à présent la saine réaction des plus jeunes contre l'emprise oppressante de l'agro-alimentaire avec ses aliments aseptisés, homogénéisés, lyophilisés, dégraissés, pasteurisés, enrichis ou allégés, hydrogénés, raffinés, édulcorés, destructurés et restructurés, déspécifiés et respécifiés, retexturés, ionisés, colorés et aromatisés (artificiellement bien sûr) et, finalement, insipides. Les temps sont venus pour le retour en force des fromages fermiers, du veau sous la mère, des légumes bio, des salades des champs, du pain au levain, des confitures à l'ancienne et des champignons qui recommencent à envahir les marchés dès que la saison le permet.

Les truffes enfin refont leur apparition sur les cartes des restaurants. Une trufficulture moderne va pouvoir prendre le relais de l'ancienne, agonisante.

La reconquête commence mal. Au début des années cinquante est apparu sur le marché le plan Somycel qui se propose d'inoculer les plants destinés à produire des truffes avec du mycélium. C'est un échec et le doute s'installe chez les trufficulteurs qui vont désormais se méfier des innovations. Le plan Signoret qui conseille de déposer un peu d'*Inoculum* (spores de *T. Melanosporum* séchées) sur les racines du chêne au moment de la plantation donne de meilleurs résultats en rendant la mycorhization possible a posteriori. L'avenir semble toutefois appartenir aux plants qui seront mis en terre déjà mycorhizés.

En 1970, l'INRA (Institut National de la Recherche Agronomique) entre dans la danse, sous l'autorité de deux chercheurs prestigieux, Grente et Delmas. Les choses ne vont pas traîner : travaillant en collaboration étroite avec les Italiens, ils améliorent et perfectionnent les procédés d'obtention de plants mycorhizés dont l'Italien Manozzi Torini avait été le pionnier. En 1972, un plant mycorhizé, cent pour cent français, est couronné par un brevet ANVAR (Association Nationale pour la Valorisation et l'Avancement de la Recherche) et aussitôt vendu à la société AGRI-TRUFFE qui en obtient l'exclusivité.

Le plant INRA-ANVAR est toutefois assez fraîchement accueilli par la profession, c'est le moins qu'on puisse dire. Il est certes courant que les innovations en matière d'agronomie inspirent quelques suspicions dans les milieux ruraux traditionnellement conservateurs mais il y a, cette fois, d'autres raisons.

Le plant INRA-ANVAR est cher et en aucune façon il ne garantit la production. Il n'est même pas assuré que les plants qui voudront bien se révéler producteurs seront plus nombreux que les plants conventionnels. Le praticien va donc servir de cobaye afin de vérifier le bien-fondé d'une amélioration trufficole dont l'efficacité relève pour l'instant du vœu pieux. Le trufficulteur de base pense et dit tout haut : *A la fin du siècle dernier nous produisions deux mille tonnes par an avec des plants la plupart du temps gratuits car nous les faisions nous-mêmes. Rien ne prouve encore que ces nouveaux plants soient de qualité supérieure ; par contre, ce dont nous sommes sûrs, c'est qu'ils sont très onéreux*. Et, de ce fait, aucune expérience statistique conduite selon un protocole expérimental rigoureux n'avait été réalisée. Et pour cause : il aurait fallu planter dans une parcelle des plants traditionnels et des plants mycorhizés, vérifier si ces derniers donnaient bien des récoltes plus abondantes. Mais pour cela dix ans d'attente au minimum sont indispensables. Or, tout le monde est pressé. Les scientifiques qui veulent publier (*publish or perish,* comme disent les Anglo-Saxons), AGRI-TRUFFE qui veut vendre des plants afin, c'est bien normal, de rentabiliser des investissements considérables et qui, pour ce faire, inonde le milieu trufficole d'une publicité tapageuse dont le caractère aléatoire de la production a été soigneusement effacé, et enfin les trufficulteurs, échaudés par l'aventure Somycel, qui voudraient bien obtenir des récoltes plus abondantes, mais ne sont pas d'accord pour essuyer à nouveau les plâtres.

Les trufficulteurs s'interrogent non sans raison: "D'accord, les plants AGRI-TRUFFE sont réalisés avec une rigueur sans faille et sont livrés avec des mycorhizes de truffes *T. Melanosporum* mais qu'est-ce qui nous prouve qu'une fois plantés ils ne vont pas être contaminés sur le champ par toutes sortes de spores d'autres champignons, un peu comme ces rats de laboratoire élevés dans une enceinte stérile et qui meurent dès qu'on les en sort, agressés de toutes parts par les microbes. Et, de fait, un carottage, effectué sur des plants mycorhizés et en terre depuis cinq à six ans, montrait que sur un nombre non négligeable d'entre eux, les mycorhizes de *T. Melanosporum* avaient disparu au profit de *T. Brumale, T. Uncinatum, T. Aestivum* et même d'autres champignons mycorhiziens inconnus. (In *Bulletin de la FNPT*, septembre 1982, n° 4). "Vous voyez bien, pavoisèrent les trufficulteurs, ce plant INRA-ANVAR n'est pas fiable malgré son prix élevé." "Ce n'est qu'un accident de parcours, que nous parviendrons bientôt à maîtriser", rétorquèrent les chercheurs.

Une nouvelle querelle des "anciens et des modernes" venait de naître.

Un autre grief vis-à-vis de l'INRA contribuera également à empoisonner un climat déjà tendu. L'INRA est un service public, donc payé par le contribuable. Ce service public s'intéresse à la truffe, fort bien ! Il met au point un plant truffier que l'on espère supérieur aux plants conventionnels, bravo ! Et voilà qu'il ne trouve rien de mieux que d'aller vendre le brevet à une entreprise privée : c'est un peu comme si un ingénieur embauché dans une entreprise et ayant découvert quelque procédé révolutionnaire s'empressait de le vendre à une entreprise concurrente. Les trufficulteurs et surtout les pépiniéristes traditionalistes se sentirent trahis, floués, cocus pour tout dire. Nul doute que la cession du brevet INRA-ANVAR à AGRI-TRUFFE ne se soit effectuée dans le respect rigoureux de la légalité mais l'impression ressentie par la profession a été désastreuse et c'est cela qui a, finalement compté. Sans aller jusqu'à instaurer un boycott déclaré, beaucoup, en paroles et par écrit, grossirent les échecs du plant mycorhizé et passèrent sous silence ses succès.

Qu'en est-il aujourd'hui? De l'eau est passée sous les ponts et la plupart des défauts qui entachaient la crédibilité du plant mycorhizé ont disparu.

Due pour une grande part aux travaux de G. Chevalier, une méthode très précise d'identification des mycorhizes permet d'être sûr que les plants mycorhizés le sont bien par *T. Melanosporum*. Des contrôles systématiques effectués par le CTIFL (Centre Technique Interprofessionnel des Fruits et Légumes) présentent une garantie supplémentaire. De plus, les prix des plants ont baissé, tandis que ceux de la truffe montaient jusqu'à atteindre des sommets vertigineux. Désormais, lorsqu'on entreprend une plantation, la règle d'or est la suivante : "mettre toutes les chances de son côté". Or, le plant mycorhizé, quoi qu'on dise, ne saurait être inférieur au plant traditionnel. Il représente même un espoir supplémentaire, une promesse de plus. Et, d'ailleurs, les premiers résultats sont significatifs car observés sur des plantations ayant dépassé l'âge fatidique de dix ans : il semble bien que les plants mycorhizés soient plus nombreux à produire des truffes et surtout qu'ils en produisent plus précocement.

J'ai moi-même une plantation de quinze ans, réalisée avec des plants traditionnels et qui me donne, je dois le dire, bien des satisfactions. Mais, chaque fois que je vais caver, je me demande avec un petit pincement au cœur : "Ne serais-je pas en train de récolter deux fois plus de truffes si j'avais utilisé du plant mycorhizé?"

Ce doute me rongera jusqu'à la fin de mes jours.

Arrivé à ce stade, le lecteur se posera des questions. Comment établir une plantation ? Comment choisir le terrain ? Où faire effectuer une analyse de sol ? Comment préparer le sol ? Quelle distance laisser entre les plants, entre les rangs ? A partir de quel âge peut-on tailler les arbres et comment ? Quelles sont les maladies des arbres et quels sont les traitements phytosanitaires ? Quel doit être le travail du sol avant production ? Pendant la production ? Au moyen de quels engins? Quand faut-il arroser ? Avec quels dispositifs ? Ce n'est point le but de cet ouvrage que de répondre à ces questions car il y faudrait un livre complet. Or, ce livre existe déjà et ne coûte qu'une somme modique : c'est le *Guide pratique de Trufficulture* de Pierre Sourzat que l'on s'imposera d'acheter et de lire avant toute plantation. Toutes les questions que se pose le futur trufficulteur et même celles qu'il ne se pose pas y trouveront une réponse claire et précise. Merci Pierre!

Le renouveau de la trufficulture est en marche. Des plantations de plus en plus nombreuses sont entreprises en Provence et ailleurs. Par des citadins bien souvent qui abordent cette activité avec un esprit libre de tout préjugé. Ils satisfont leur désir de renouer avec les choses de la nature et se préparent peut-être la meilleure retraite complémentaire qu'on puisse espérer. Le prix de la terre n'a jamais été aussi bas et avec la menace d'une mise en jachère obligatoire qui se profile à l'horizon, il est à craindre que les choses ne s'arrangent pas pour les agriculteurs. Ils feraient bien, eux aussi, de planter aujourd'hui pour récolter plus tard une des rares productions de la terre pour laquelle les Américains, les Allemands, les Japonais et les autres ne nous concurrenceront pas de sitôt : Sa Majesté la Truffe.

ADRESSES UTILES

LA PROFESSION

Fédération Nationale des Producteurs de Truffes (F.N.P.T)
7 bis, rue du Louvre, 75001 Paris, tél. (1) 42.36.03.29
qui regroupe vingt-six syndicats (départementaux ou régionaux) de producteurs de truffes et qui compte environ deux mille adhérents trufficulteurs et pépiniéristes.

Groupement National des Producteurs de Truffes (G.N.P.T)
Maison de la Truffe et du Tricastin, 26130 St-Paul-Trois-Châteaux,
qui regroupe douze syndicats départementaux avec mille adhérents trufficulteurs.
Longtemps concurrents, pour ne pas dire adversaires, ces deux formations seraient aux dernières nouvelles, sur le point, sinon de fusionner, tout au moins de coopérer à la promotion de la truffe et de la trufficulture. Nous les félicitons pour cette salutaire initiative.

LA RECHERCHE SCIENTIFIQUE.

Centre Technique Interprofessionnel des Fruits et Légumes (CTIFL). 22, rue Bergère 75009 Paris, tél. (1) 47.70.16.93

CTIFL (dans la région) : Station de conservation, route de Mollégès, 13210 Saint-Rémy-de-Provence, tél. 90.92.05.82

Institut National de la Recherche Agronomique (INRA) (analyse de mycorhises), 12 avenue du Brezet, 63039 Clermont-Ferrand Cedex, tél. 73.62.44.43

INRA : Centre de Recherche sur les Champignons (analyse de sol), domaine de la Grande Ferrade, B.P. n° 131, 33140 Pont-de-la-Haye, tél. 56.84.32.77

Lycée d'Enseignement Professionnel Agricole Lepa de Cahors-le-Montat "Lacoste" : (analyse de mycorhises), 46090 Le Montat, tél. 65.21.03.67

CHAPITRE V

LA RECHERCHE DES TRUFFES ET LE CAVAGE

"Le vent lui apporta quelque chose: quelque chose de minuscule, d'à peine perceptible, une miette infime, un atome d'odeur et même moins encore, plutôt le pressentiment d'un parfum qu'un parfum réel... Le parfum était d'une délicatesse et d'une subtilité tellement exquise qu'il ne pouvait le saisir durablement, sans cesse le parfum se dérobait à sa perception... mis en miettes et réduit à rien par les mille autres odeurs... Soudain il était de nouveau là, ce n'était qu'une bribe ténue, sensible durant une brève seconde tout au plus, magnifique avant-goût... qui aussitôt disparaissait à nouveau... Il n'arrivait même pas à savoir de quelle direction venait ce parfum. Parfois, il y avait des minutes d'intervalle jusqu'à ce que le vent lui en apportât de nouveau une bribe, et à chaque fois il était pris d'une angoisse atroce, à l'idée qu'il l'avait perdu à jamais... Là, il s'arrêta, reprit ses esprits et flaira. Il l'avait, il le tenait. Comme un ruban, le parfum s'étirait... net et impossible à confondre, mais toujours aussi délicat et aussi subtil."

Patrick Süskind, *Le Parfum.*

Je présente mes excuses à l'auteur pour le charcutage sacrilège que j'ai infligé à son texte, mais la quête de son ténébreux héros pour retrouver la jeune fille rousse (chapitre 3, première partie) est si merveilleusement transposable à la recherche d'une truffe par le chien un jour de mistral, que je n'ai pu résister à la tentation.

De tous les végétaux, la truffe est probablement le seul dont la recherche et la récolte présentent de réelles difficultés. Elle est, on le sait, invisible et nous avons le nez bien trop loin de la terre et le sens de l'olfaction bien trop peu développé pour la trouver sans devoir nous mettre à quatre pattes, position qui, on en conviendra, est susceptible de lasser le plus enragé des rabassiers au bout d'une heure ou deux.

J'en vois déjà qui pensent : "Difficile à comprendre dans les mécanismes intimes de sa formation, très longue à daigner se manifester après plantation de l'arbre et, maintenant, d'une récolte posant problème, mais c'est qu'elle sait se faire mériter, la garce!" Qu'on se rassure, la recherche des truffes et leur cavage sont tout sauf une corvée déplaisante ou un travail fastidieux. J'irai même jusqu'à dire que le plaisir de chercher les truffes l'emporte largement sur celui de les consommer.

LES MAUVAISES MÉTHODES

Elles sont légion et se caractérisent par leur inefficacité ou, plus grave, par des dommages parfois irréversibles à l'arbre producteur. Ainsi, une méthode particulièrement nocive consiste à piocher au hasard sur toute la surface du "brûlé", en espérant ainsi récolter des truffes avec autant de facilité qu'on le ferait pour des pommes de terre. On en trouve, bien sûr, quelques-unes mûres à point, mais la plupart sont immatures et donc sans odeur ni saveur. La récolte est anéantie pour le reste de la saison et les racines de l'arbre ainsi malmenées deviendront définitivement stériles pour peu que l'on renouvelle l'opération encore une fois ou deux. Et quand on sait qu'il faut de dix à quinze ans pour qu'un arbre devienne producteur...

Certains cherchent les truffes par la méthode dite de la "grattée de lapin", c'est-à-dire en vérifiant à chaque endroit où ont gratté les lapins, s'il n'y a pas une truffe. C'est une méthode lente et peu fiable, car nombreuses sont les truffes qui laissent les lapins indifférents et nombreux sont les lapins qui grattent le sol sans qu'il y ait de truffes. Cette méthode est de plus inopérante dans les régions où sévit la myxomatose. Elle présente, par contre, l'avantage de ne pas nuire aux arbres producteurs.

D'autres encore, munis d'un bâton, l'enfoncent par-ci par-là dans le sol puis en flairent l'extrémité imprégnée de terre dans l'espoir de détecter la présence éventuelle d'une truffe. La méthode est lente car piqueter ainsi un brûlé de plusieurs dizaines de mètres carrés prend un temps fou. Elle est de plus inapplicable dans des truffières très caillouteuses, comme celles qui existent, par exemple, sur les pentes du Ventoux où la terre est rare.

Récemment, d'éminents chercheurs ont entrepris de mettre au point des détecteurs de truffes électroniques. Les prototypes, au nombre de dix, font appel à pas moins de sept modes de détection différents (*La Recherche*, n° 239). L'invention, que n'aurait pas désavouée Gaston Lagaffe, est à ranger dans le florilège déjà bien pourvu des inepties technocratiques de notre époque, aux côtés des frites précuites en boîte, de la conception assistée par ordinateur des prothèses dentaires, des avions renifleurs et autres fariboles. Gageons qu'elle connaîtra le même succès. L'instrument présente, en effet, la particularité de ne proposer que des inconvénients et aucun avantage. Il est cher, plus de dix mille francs, et très probablement onéreux quant à d'éventuelles réparations... Alors que le plus affreux des bâtards qui vous sera confié, avec un soulagement bien compréhensible, par un responsable de la SPA aux anges, présentera des performances infiniment supérieures sur le terrain après quelques semaines de dressage (les concepteurs des détecteurs électroniques en conviennent eux-mêmes). Le champ d'action de l'appareil est forcément limité et son utilisation requiert beaucoup de temps. On voit mal comment il pourrait aller marquer une truffe située à cent mètres du rabassier, cachée sous les branches basses d'un genévrier, après avoir sauté par-dessus un mur de pierres et enjambé une fondrière, le tout par un mistral de force 9.

Le chien, lui, peut le faire sans difficulté et y prend même du plaisir. Enfin, l'utilisation de l'appareil risque de se révéler beaucoup moins amusante que la pratique du chien. Cette manière de chien truffier artificiel et électronique sera capable, si ce n'est déjà fait, de détecter l'arôme artificiel de truffe. Certains pourront alors pratiquer leur passe-temps favori sans chien, sans truffe, sans arbre, et même sans campagne, en toute saison et par tout temps, pour peu que l'on dispose de locaux spacieux, couverts, chauffés et éclairés. Alors à quand les "practices" de rabasse ? On n'arrête décidément pas le progrès.

LES BONNES MÉTHODES

Recherche à la mouche

C'est la méthode qu'utilisait mon oncle Nané lorsque j'ai trouvé avec lui ma première truffe et c'est celle qu'utilisent encore des milliers de rabassiers. On prendra donc une branche de pin d'Alep (l'arbre n'est hélas pas rare en Provence) qu'on débarrassera de ses branchettes pour ne laisser qu'un petit plumet d'aiguilles à son extrémité. Sans le quitter des yeux, en balayant le terrain comme le fait un démineur avec sa poêle à frire, on explorera lentement le "brûlé". Lorsqu'il y a une truffe, on dérange des petites mouches bien particulières (du type *Suilla Gigantea*) qui étaient en train de pondre. Ces mouches s'envolent lourdement et vont se poser un peu plus loin. On dirait plutôt qu'elles sautent, tant leur envol manque de grâce. Mon oncle Nané prétendait qu'il en était ainsi parce qu'elles s'enivraient du parfum de la truffe. Je pense personnellement que la ponte de leurs œufs doit être un exercice réclamant toute leur attention et pas mal d'efforts aussi, de sorte qu'elles ne sont pas en mesure d'effectuer un vol d'allure plus sportive. Lorsqu'on a observé, ne serait-ce qu'une fois, l'envol des mouches rabassières, on ne l'oublie pas. Il devient alors inutile d'aller détailler l'insecte de plus près. J'insiste un peu sur ce point car beaucoup de débutants prennent pour des mouches à truffe les moucherons qui volettent parfois en grand nombre à quelques mètres du sol mais avec beaucoup plus d'agilité et d'élégance.

La recherche des truffes à la mouche est une bonne méthode et qui a fait ses preuves. Elle a l'avantage d'être applicable instantanément et quelles que soient les circonstances. Elle a permis à de nombreux amateurs tombés fortuitement sur une truffière, lors d'un pique-nique en famille par exemple, de faire de somptueuses récoltes en se servant d'une branche morte en guise de tournevis pour le cavage. C'est une méthode qui n'autorise que la récolte de truffes mûres à point ou, hélas, trop mûres. Une abondance inhabituelle de mouches doit faire suspecter la présence d'une truffe pourrie ou, ce qui est plus souhaitable, d'une truffe énorme.

La présence de la truffe détectée, il faut aborder le cavage proprement dit. On se mettra à genoux, on remuera la terre prudemment avec un gros tournevis et on la sentira un peu. Elle embaume et c'est désormais certain, la truffe est là, quelque part dans le sol. A moins de tomber pile et du premier coup sur elle, on creusera dans toutes les directions, toujours en humant la terre, afin de se diriger vers l'endroit où le parfum est le plus intense. Parfois, c'est en profondeur qu'il faut insister car, surtout après des étés secs, les truffes se réfugient souvent à quelque trente ou quarante centimètres sous la surface du sol.

Il arrive parfois, lorsque le terrain est très meuble, qu'il existe autour de la truffe une sorte de sphère (j'allais dire une aura) d'une consistance plus aérée, plus légère et causée, peut-être, par une abondance très importante de mycélium. Le tournevis s'y enfonce facilement et d'un seul coup. Un peu comme un clou que l'on planterait dans un mur et qui rencontrerait la cavité d'une brique creuse. C'est une sensation très particulière, pas très courante, mais qu'il est bon de connaître, car la truffe est là. Très souvent aussi, on peut voir apparaître un petit coléoptère rouge, le *leodes cinamomea* qui était en train de se repaître du champignon et que le rabassier a dérangé. Là encore, la truffe n'est pas loin.

Quoi qu'il en soit, guidé par un fil d'Ariane odorant, le rabassier arrive bientôt en contact du précieux hypogé, dont le péridium noir apparaît. Il prendra alors toutes les précautions possibles pour récolter la truffe sans la casser. Une truffe coincée par une racine ou une pierre se brise facilement. Après avoir vérifié son aspect, sa fermeté, l'absence de fracture qui demanderait la recherche de la partie manquante, on la déposera dans la biasse. Il est inutile de s'interroger sur sa vraie nature, le parfum de la terre étant décisif. Bien avant de l'avoir en main, le vrai rabassier doit pouvoir dire s'il s'agit d'une *T. Melanosporum*, d'une *T. Rufum* ou d'une *T. Brumale* ; il peut même anticiper sur sa taille et son degré de maturité.

Certaines années, les truffes se rencontrent groupées et constituent ce que l'on appelle des "nids de truffes". Il est bon, avant de refermer le trou, de vérifier du bout des doigts si on n'en a pas laissé.

Toutes les truffes ont un parfum différent et c'est au moment du cavage qu'on s'en rend le mieux compte. Cela est très furtif, très subtil, presque imperceptible. A chaque récolte importante, il y a toujours deux ou trois truffes qui sont d'une fragrance exceptionnelle ; surtout lorsqu'on les cave sur des truffières sauvages. Ne les mélangez pas avec les autres car, le soir venu, vous ne les retrouveriez plus. Isolez-les égoïstement dans une poche à part pour votre consommation personnelle ou pour celle d'amis triés sur le volet.

Pouvoir accéder à la quintessence gustative est un privilège qui ne saurait être mis à la portée de tout le monde !

Recherche avec le cochon

La recherche des truffes à l'aide du cochon ou, plus exactement de la truie, fait partie de l'imagerie populaire. Actuellement, l'usage du chien, plus rapide et moins encombrant, tend à se généraliser mais

RIEZ — Le Chercheur de truffes
5c
REPUBLIQUE FRANÇAISE
POSTES
10c
POSTES
Collection Daumas

beaucoup de rabassiers, dans le Haut-Var, dans les Alpes-de-Haute-Provence, ainsi qu'en Quercy et Périgord, restent encore fidèles à cette méthode. Dans le temps, on conseillait de choisir son cochon en allant sur le marché avec une truffe. Dès qu'un porcelet humait l'air avec intérêt, il fallait l'acheter sans tarder car, contrairement à ce qu'on pourrait penser, rares sont les cochons qui cherchent spontanément les truffes !

J'en parle en connaissance de cause, ayant éprouvé les pires difficultés à dresser une petite truie. Aglaë, c'était son nom, n'était absolument pas difficile sur le chapitre de la nourriture. Elle se délectait d'épluchures de toutes sortes, de pain dur, voire moisi, et même de noyaux d'abricot et de pêche qu'elle croquait avec avidité. Une vraie poubelle vivante, cette cochonne ! Mais impossible de lui faire avaler la moindre truffe. Quand j'en mettais une dans sa pâtée, elle l'écartait avec des précautions inattendues de la part d'un animal par ailleurs réputé pour son absence de délicatesse. J'ai finalement résolu le problème en incorporant, progressivement et avec des ruses de sioux, de la purée de truffe à des bananes, fruit dont elle raffolait. Le dressage m'a coûté une fortune mais, à présent, Aglaë cherche les truffes.

Elle les cherche même si bien que le problème s'est déplacé, le plus difficile est maintenant de l'empêcher de les dévorer. La bête est, en effet, d'une force herculéenne. Se servant de son groin comme d'un épieu, elle extrait les truffes sans effort même en terrain très pierreux. Elle est aussi parfaitement capable de vous briser le poignet ou l'avant-bras, sans méchanceté aucune et presque par inadvertance, pour vous empêcher de subtiliser le champignon.

L'utilisation du cochon pour chercher les truffes présente également une certaine incompatibilité avec la vie citadine. Son transport dans une berline de série peut, lui aussi, être problématique. Une truie de cent cinquante kilos étant à l'étroit dans la plupart des coffres, il faut l'installer sur la banquette arrière. On frémit à l'idée que l'animal, au demeurant d'un naturel affectueux et primesautier, se décide à vous faire des mamours au moment précis où vous êtes en train de négocier un virage difficile. Par contre, et c'est un avantage qui en a séduit plus d'un, le cochon peut être à l'origine de délicieuses et succulentes préparations, telles que : jambon cru et cuit, saucisses, saucissons, caillettes, boudins, fromages de tête, pâtés, petit salé, langues fumées, cervelas, rillettes, mortadelles, terrines, galantines, ballottines,...

On ne peut pas en dire autant du chien, tout au moins sous nos climats !

Recherche avec le chien

La recherche des truffes avec le chien est certainement la méthode qui donne le plus de satisfactions. Elle permet de trouver et de caver les truffes avec rapidité, précision, par tous les temps et en tous lieux. Il s'établit entre l'homme et l'animal une sorte de complicité qui peut se révéler à l'usage enrichissante pour les deux parties. Le problème se situe ici au niveau du dressage de l'animal, lequel n'a, on s'en doute, aucune prédisposition particulière à rechercher un champignon qui ne fait pas partie de son alimentation naturelle.

La solution la plus simple consiste à acheter un chien déjà dressé. Mais un chien truffier est cher, très cher même, entre cinq mille et quinze mille francs, parfois davantage. En outre, il peut se révéler décevant à l'usage, et ce, pour plusieurs raisons : d'abord le stress qu'éprouve l'animal qui change de maître est parfois si intense qu'il en perd son savoir et son efficacité. Ensuite, il y a le changement de milieu : un chien élevé à la dure et dressé à l'aide de privation sévère de nourriture peut tomber sur un nouveau maître très bon et très indulgent. Il mangera désormais plus qu'il n'est raisonnable, couchera sur les tapis, passera ses journées à jouer à la *baballe* avec les enfants. Amolli par ces délices de Capoue d'un nouveau genre, il trouvera le dimanche deux ou trois truffes nonchalamment pour faire plaisir à son maître, mais en laissera des kilos. Le plus étonnant, c'est que le maître, n'ayant aucun moyen de vérifier l'efficience de son chien, ne se rendra compte de rien. Il pensera que la saison est mauvaise ou les truffières improductives.

Signalons aussi que les dresseurs de chiens gardent en général pour eux les meilleurs sujets. Ils leur permettent de rechercher leurs propres truffes et les aident à dresser les autres chiens. La deuxième solution, de beaucoup préférable, consiste à dresser son chien soi-même. Malheureusement, le dressage du chien truffier est entouré de secrets comme d'ailleurs tout ce qui touche à la truffe. Je me propose donc de vous livrer ici une méthode que j'ai utilisée pour dresser une dizaine de chiens pour mon propre compte et autant pour celui de mes amis. Parmi ces derniers, il en est même un qui est devenu par la suite dresseur professionnel de chiens truffiers : je n'en suis pas peu fier !

Le choix du chien

Du chihuahua au saint-bernard, tous les chiens peuvent être dressés pour chercher les truffes et il n'est que d'assister à un concours de chiens truffiers pour s'en convaincre. Néanmoins, on peut affirmer qu'il existe deux groupes de chiens aptes à chercher les truffes :

— les teckels qui sont excellents,

— tous les autres chiens, parmi lesquels certains peuvent parfois se révéler très bons à l'usage.

Cette classification, pourtant placée sous le signe du bon sens et étayée par de nombreuses observations, ne fait curieusement pas l'unanimité. J.-P. Van Cappel [1], par exemple, ne jure que par les rotweillers ; J.-L. Bénard [2], lui, aurait plutôt tendance à porter au pinacle les bergers des Pyrénées ; Madame Tedesco [3] que je ne connais pas, obtient de jolis résultats dans les concours avec ses bergers allemands et ne voudrait probablement changer de race pour rien au monde ; quant à Pierre Sourzat [4] ne vous avisez jamais d'envisager devant lui que l'on puisse dresser d'autres chiens que les labradors : il partirait en vous claquant la porte au nez.

Comment expliquer un tel aveuglement, un tel manque de discernement, une telle aberration chez des gens par ailleurs raisonnables et compétents ?

Il n'y a qu'une réponse satisfaisante : ils n'ont jamais cherché des truffes avec un teckel! Qu'ils essayent donc et on en reparlera.

Car le teckel n'a que des avantages.

D'abord c'est un petit chien. Il ne coûte donc pas très cher à nourrir, ce qui ne laissera personne indifférent, surtout en période de crise économique comme celle que nous traversons. Il est également facile à transporter : cinq teckels sur la banquette arrière d'une voiture ne tiennent pas plus de place qu'un briard ou un beauceron. Grâce à ses pattes un peu courtes, il devrait en principe mieux détecter les truffes. (J'emploie intentionnellement le conditionnel afin de ne pas

(1) J.-P. Van Cappel, président des producteurs de truffes des Charentes-Maritimes. Dresseur de chiens truffiers. Grand organisateur de concours de chiens truffiers.

(2) J.-L. Bénard, pépiniériste de plants mycorhizés. Dresseur de chiens truffiers. Les Brieux, 04150 Redortier.

(3) Mme Tedesco a raflé pendant des années et avec une constance agaçante tous les premiers prix dans les concours de chiens truffiers.

(4) P. Sourzat, technicien truffe, Lepa "Lacoste", 46090 Le Montat.

vexer outre mesure les autres chiens, suffisamment complexés, on s'en doute, par leurs longues pattes ridicules.) Il se faufile sous les buissons avec une aisance qui en laisse pantois plus d'un. Il fait également moins de dégâts, avec ses ongles, sur les truffes très superficielles.

Mais le principal attrait du teckel est ailleurs.

Outre les défauts, nombreux, spécifiques à sa race, ce petit chien présente la particularité d'en partager bien d'autres avec l'espèce humaine : il est en effet feignant sans complexes, lubrique sans retenue, flagorneur sans vergogne, menteur, gourmand, indiscipliné, désobéissant, têtu, querelleur, cruel, je-m'en-foutiste, jaloux, vénal, et j'en passe.

Probablement bien à l'aise dans la pratique des travers de l'engeance humaine et peu désireux de se livrer à d'interminables essais comparatifs sur le comportement canin, l'apprenti dresseur se trouvera bien de fixer d'emblée son choix sur le teckel. Il gagnera du temps et ne sera pas trop dépaysé par les réactions de l'animal qui lui paraîtront immédiatement familières. C'est en tout cas la race de chiens que je conseille.

Si le rabassier en puissance est du sexe masculin, il fera bien de choisir une femelle et inversement. Il y aura moins de tension entre les deux partenaires et on pourra même parfois voir naître quelque chose d'un peu plus profond qu'une simple affection réciproque. C'est la nature qui veut ça.

Le dressage proprement dit

J'ai mis quatre ans à dresser parfaitement ma première chienne. Je n'ai mis que huit jours pour que ma dernière trouve ses premières truffes. C'est dire qu'on ne sait jamais exactement combien de temps il faudra pour faire d'un chiot un vrai professionnel. Mais une chose est certaine, on y arrive toujours avec de la patience et quelques rudiments de psychologie canine.

Il faut observer quelques principes fondamentaux : ne jamais perdre patience et ne jamais s'emporter (avec les teckels, c'est parfois très dur et le dressage est souvent plus éprouvant pour le maître que pour le chien). Ne jamais frapper la bête qui ne veut pas travailler (un teckel, en particulier, ne vous le pardonnerait pas). Le chien doit chercher les truffes par jeu, pour une récompense, pour vous faire plaisir, jamais sous la contrainte. Enfin, il y a le problème des truffes, car pour dresser un chien, il faut des truffes fraîches et pour avoir des truffes fraîches, il est bon d'avoir un chien déjà dressé. On tranchera ce nœud gordien en cherchant les truffes à la mouche ou plus simplement en les achetant à un rabassier honnête, à supposer qu'il en existe.

Première semaine : mettre une truffe fraîche dans une chaussette neuve que l'on nouera et s'en servir pour faire jouer le chien. Le jeune chien, souvent impétueux, aurait tôt fait, sans cette précaution, de briser la truffe en mille morceaux. L'usage de la chaussette permet d'éviter que ceux-ci ne s'éparpillent dans la nature et ne soient la cause d'erreurs ultérieures pouvant rendre la suite du dressage impossible. Lancer au loin la chaussette avec la truffe qui s'y trouve : le chien se précipite et s'en empare avec ses dents. La lui faire lâcher en lui offrant un morceau de gruyère ou toute autre récompense. Recommencer la même opération dix à vingt fois par jour.

Deuxième semaine : immobiliser le chien avec la main ou l'attacher. Lancer la chaussette au loin. Détacher le chien : l'animal s'élance sur la chaussette, la saisit et joue avec elle. La lui faire restituer et le récompenser.

Troisième semaine : attacher le chien, bien lui faire voir la chaussette et la déposer à une dizaine de mètres. Revenir et le détacher. Le chien, qui voit l'endroit où on l'a déposée, court la chercher. Le récompenser pour la lui reprendre.

Quatrième semaine : attention ! Jusqu'ici le chien voyait la chaussette et instantanément partait à sa recherche. Dorénavant, il va lui falloir devoir utiliser son flair pour la retrouver. On attache donc l'animal ou on l'immobilise en le faisant tenir par une autre personne (ce qui fait gagner du temps) et on va poser la truffe en un lieu d'où elle échappe à son regard. Revenir et libérer le chien. Un peu désappointé, il ne comprend pas très bien ce qui lui arrive et vous regarde comme pour solliciter quelques explications. Il est parfois opportun de l'encourager de la voix, quitte même à faire quelques pas avec lui en direction de la chaussette "entruffée". Soudain, il hume l'air, fronce les sourcils et commence à se diriger dans la bonne direction. Il hésite, revient un peu en arrière, regarde encore pour essayer d'apercevoir l'objet de sa quête, puis réalise qu'à défaut d'un repérage à la vue, il lui faut bien maintenant se fier à son flair. Il a compris, fonce et, tout heureux, s'empare de la chaussette qu'il secoue dans tous les sens en jappant joyeusement. Il convient de le féliciter et de lui donner une récompense qui sorte un peu de l'ordinaire, un morceau de viande par exemple. Mais reprenons tout de suite l'entraînement afin de bien imprégner sa mémoire de ce nouveau savoir.

Marquons une pause pour préciser quelques points : d'abord, il faut changer la truffe au moins une fois par semaine, parfois plus souvent, s'il l'a complètement réduite en miettes. Ensuite, accompagner tous ces exercices avec la même injonction. Pour ma part et avec une imagination en tout point admirable, je dis à mes chiens "cherche!, cherche!" Enfin, et au fur et à mesure que l'animal progresse, augmenter le volume et la qualité des récompenses, quitte à réduire un peu son ordinaire. Il n'est pas nécessaire d'affamer l'animal mais il est bon de le maintenir en appétit.

Le chien possède bien maintenant sa technique de recherche à l'odeur. Il est bon de vérifier s'il ne sent pas vos traces de pas imprégnées par l'odeur du mammifère que vous êtes et plus propres à l'intéresser que l'odeur du champignon. Cette dernière ne présente pour lui, répétons-le, aucun intérêt.

Attachons donc le chien et allons cacher la chaussette en faisant quelques détours. Lâchons le chien : s'il hume l'air et se dirige directement vers la truffe, le dressage est sur la bonne voie. S'il effectue le même trajet sinueux que vous avez fait pour aller cacher la truffe, c'est mauvais signe : il se repère grâce à vos traces. Il faut tout de suite corriger ça : un moyen simple consiste à saturer complètement le terrain en marchant dans tous les sens, voire à aller faire des détours de quelques centaines de mètres pour revenir cacher la truffe à quelques dizaines de mètres seulement de notre élève. Après quelques cavalcades stériles, il prendra rapidement conscience que pour trouver la chaussette et, donc, recevoir sa récompense rapidement, il est préférable d'aller directement au but.

Cinquième semaine : pendant la quatrième semaine nous avons caché la truffe, d'abord dans des places faciles, comme derrière un mur ou un buisson proches du chien, puis de plus en plus loin et en des endroits d'accès malaisé, comme des broussailles. Maintenant, il va lui falloir creuser. Le chien étant une fois de plus immobilisé, on ira cacher la chaussette "entruffée" sous un peu de terre, d'herbes sèches ou de feuilles mortes. L'animal lâché se dirige vers la cachette et se trouve tout marri de ne rien voir. Il regarde un peu partout, réfléchit (car les chiens réfléchissent, figurez-vous, surtout les teckels). Il vous regarde et, sur vos encouragements, flaire longuement, pousse avec son museau et découvre la chaussette. Là encore, félicitations bruyantes, caresses appuyées et récompenses en rapport. On recommence l'expérience en variant un peu les endroits où l'on cache la truffe. On augmente aussi les difficultés en rajoutant de la terre, de l'herbe ou des feuilles. Arrive le moment où le chien, qui commence à en avoir assez de s'écorcher le museau, entreprend de gratter avec ses pattes pour aller plus vite. C'est gagné : la première partie du dressage est arrivée à son terme. Il ne reste plus qu'à enterrer la truffe de plus en plus profondément en tassant la terre avec le pied pour l'obliger à travailler dur. Ne pas trop exagérer quand même : une truffe enterrée de la sorte parfume beaucoup moins le sol qu'elle ne le ferait dans des conditions naturelles.

Parfois le chien refuse de creuser avec les pattes et persiste à pousser avec le museau. Ne pas s'énerver et surtout ne pas essayer de lui expliquer ce que vous attendez de lui. Il est des choses qu'un chien ne peut pas comprendre. Arrêter le dressage. Lui faire sauter un repas et à l'aide d'un plantoir de jardinier faire quelques trous au fond desquels on laissera choir quelques morceaux de gruyère. Ne pas reboucher. Faire approcher l'animal et le laisser faire : il sent le fromage, le voit même et ne peut l'atteindre. Il n'a d'autre solution que de creuser et il le fera avec d'autant plus d'acharnement qu'il sera à jeun. Le jour suivant, reprendre l'entraînement comme on l'a vu précédemment. Tout doit bien se passer.

Autre éventualité : vous vous dites : “est-il bien motivé par le parfum de la truffe ou sent-il plutôt l'odeur de mes mains ?” Bonne question, nous allons vérifier ça. En même temps que la truffe (on peut désormais se passer de la chaussette car on ne le laisse pas jouer très longtemps), enterrons quelques cailloux aux alentours. Il va ne détecter que la truffe : très bien ! Il va creuser au-dessus des cailloux : vous entrez dans une colère folle, vous ne le récompensez bien sûr pas mais, de plus, vous le traitez de tous les noms d'oiseaux, en gesticulant, en poussant des hurlements de désespoir d'avoir un élève si peu doué, bref, vous lui faites une scène. La queue entre les jambes, il vous jure du regard qu'il ne recommencera pas et le voilà reparti d'une bonne patte.

Nous sommes maintenant prêts à mettre en œuvre la partie la plus délicate du dressage : la recherche sur le terrain. La première difficulté consiste à trouver quelqu'un qui accepte de vous laisser entraîner votre chien sur ses truffières et en sa présence, bien entendu. A moins que, déjà un peu au fait des choses de la truffe, vous ne connaissiez des truffières naturelles (ou spontanées) qui ne soient pas trop visitées.

C'est le grand jour. Vous garez la voiture à un endroit d'où le chien ne peut apercevoir le manège auquel vous allez vous livrer. Vous lui faites bien voir et sentir la truffe. Fermez la portière et allez sur le brûlé. Marchez longuement en long et en large, sans enterrer la truffe, bien entendu. Faites-le languir. Puis vous revenez le libérer et vous voilà tous deux partis sur la truffière. Il cherche dans tous les sens, le nez rasant le sol, en agitant la queue, signe d'une intense activité intellectuelle. Il est tout étonné car le parfum de la truffe était jusqu'à aujourd'hui intimement liée à votre odeur corporelle. De plus, votre élève n'avait jamais senti que des truffes mortes. Or, on sait que l'odorat du chien, dix mille fois plus précis et plus fin que le nôtre, est capable de distinguer ces nuances-là. Les chiens qui recherchent les gens ensevelis sous les décombres après un tremblement de terre sont capables de savoir à quel instant précis, rien qu'à l'odeur, un de ces malheureux passe de vie à trépas. Ils s'arrêtent de chercher et montrent à leur maître par quelques signes que la mort a fait son œuvre. Or, ce n'est plus une truffe morte que sent notre chien, mais une truffe vivante. Il en est tout désemparé, le pauvre. Mais, désespérant de trouver l'odeur familière de la chaussette "entruffée" et celle de vos mains, il se décide enfin et se met à gratter timidement. Il vous regarde. Votre cœur bat à tout rompre. Vous vous agenouillez, prenez doucement un peu de terre avec la main et la sentez. Ça y est, elle est là ! Vous en avez les larmes aux yeux. C'est sa première truffe, c'est votre première truffe à tous les deux. Vous l'encouragez à creuser encore en le pressant affectueusement et en l'aidant avec le tournevis si besoin est. Bientôt, la truffe apparaît, vous l'admirez tous deux, vous la lui faites sentir pour qu'il comprenne que c'est bien "ça" qu'il faut trouver. La récompense se doit d'être royale. Un gros carré de filet de bœuf, cuit à point et bien juteux fera l'affaire, mais une noix de côtelette d'agneau de Sisteron peut, à la rigueur, y suppléer à condition qu'elle soit de première qualité.

Vous voilà maintenant embarqués tous deux dans la grande aventure de la recherche de la truffe, unis par des liens plus étroits et plus solides que ceux qui président à bien des mariages. Le rabassier et son chien ne divorcent jamais, eux ! Vous lui avez appris à chercher les truffes et c'est désormais lui qui sera votre maître. Il vous étonnera chaque hiver davantage en trouvant des truffes dans les endroits les plus inattendus et les plus extraordinaires, sous la neige comme sous la pluie et, pour peu que le vent souffle dans la bonne direction, à des distances inouïes.

Il se peut que votre chien, ou plutôt votre associé, ne se contente pas de marquer seulement les *T. Melanosporum*. Il détecte également les autres truffes telles que *T. Brumale* et *T. Rufum* et cela peut se révéler comme une qualité de plus si vous vous intéressez à tous les hypogés. Par contre, si ce n'est pas le cas, vous risquez de perdre un temps précieux. En hiver, les jours sont courts. Ne le grondez surtout pas mais récompensez-le avec, par exemple, une rondelle de carotte crue. Il aura vite fait de comprendre.

Un chien truffier qui marque les truffes, c'est très bien. Si, de plus, il revient au trou lorsque vous le lui demandez, c'est mieux. Vous ne perdrez pas de temps à déterrer la truffe et vous n'aurez plus qu'à surveiller ses ongles pour l'arrêter juste avant qu'il ne l'abîme. Il n'est pas bien difficile d'obtenir cela, il suffit de lui ordonner de chercher encore et de le récompenser à nouveau.

Parfois les truffes sont si petites qu'on les perd avec la terre de cavage, surtout lorsque celle-ci est humide et argileuse. On risque de continuer à chercher dans le sol alors que la truffe est déjà sortie. J'ai eu deux chiennes qui me montraient où elles se trouvaient, non pas en creusant avec les pattes mais en les poussant du museau. C'est un savoir-faire beaucoup plus important qu'il n'en a l'air pour un chien truffier mais je n'ai pas, hélas, pu l'apprendre à tous.

Pour que le couple formé par le chien et son maître fonctionne avec l'efficacité d'une mécanique bien huilée, il est nécessaire d'éprouver pour l'animal de la considération et surtout qu'il en prenne conscience.

Vous vous garderez bien, par contre, de tomber dans les travers d'une sensiblerie déplacée. Il faut punir le chien lorsque la chose s'avère nécessaire et c'est ce que j'ai dû faire avec ma chienne Hyphie (d'après "hyphe" : filament composé de cellules qui forment le mycélium), il y a de cela une dizaine d'années.

La nuit tombait sur la campagne tandis que nous rejoignions, tous deux, le petit chemin de terre où était garée la voiture. Nous avions cavé toute la journée et la récolte avait été bonne. Hyphie était une "teckelle" d'une beauté comme on en voit peu : un bréchet caréné comme l'étrave d'un clipper, des pattes massives et musclées, style Louis XV rustique, et des épaules modelées en profondeur par des années de cavage dont le relief tourmenté n'avait rien à envier à celui

Mirette dans ses œuvres.

d'un play-boy californien adepte inconditionnel de body-building. Et avec ça, une santé de fer et un moral d'acier.

Mais, ce soir-là, j'étais un peu inquiet : elle, qui me précédait toujours, marchait à présent derrière moi en traînant la patte. Elle gémissait même de temps en temps et semblait épuisée. Au bout d'un moment, je la pris sous mon bras. Je constatai, au passage, avec satisfaction, qu'elle n'était guère moins lourde que la biasse que je portais en bandoulière de l'autre côté. Hyphie laissa échapper un soupir de plaisir et me gratifia d'un grand coup de langue sur le nez.

Une demi-heure plus tard nous étions à la voiture. Je posai la biasse et Hyphie sur le sol, pris la clef de contact dans la poche de mon anorak et ouvris la portière.

C'est alors que tout arriva !

La garce avait dû débusquer un lièvre, car voilà soudain ma petite chienne épuisée, partie ventre à terre (expression singulièrement bien appropriée à la race) en poussant des cascades de ces petits cris suraigus qui signifient en langage canin "s'il y a d'autres chiens dans le coin, venez me rejoindre on va bien rigoler". Le sport favori des teckels, on le verra à l'usage, consiste à assassiner de petites bêtes innocentes qui ne leur ont jamais fait, par ailleurs, le moindre tort. Il faut les avoir vu déchirer à belles dents des lambeaux de chair encore palpitantes, avec une excitation malsaine, pour le croire.

Je criai à tue-tête : "Hyphie reviens ! Hyphie reviens !", tandis que ses aboiements hystériques se perdaient dans le lointain. J'ai dû crier des heures. Soudain mes hurlements s'éteignirent, eux aussi, comme s'ils avaient été émis par un transistor dont la pile est en train de mourir. J'avais une bonne extinction de voix. Le silence était maintenant total. Je m'assis dans la voiture et j'attendis. Je tentai de fumer une cigarette mais la fumée me brûla la gorge et je la jetai dehors. Bizarrement, la température s'était radoucie et il faisait moins froid que pendant la journée. L'air était comme ouaté et tous les bruits étaient étouffés.

Soudain, il se mit à neiger.

J'étais furieux, il était maintenant plus de minuit et par la faute de cette saloperie de chienne nous allions mettre un temps fou pour rentrer à la maison. Je l'aurais étranglée volontiers! Mais un sentiment contradictoire m'envahit aussitôt : et si elle s'était fait écraser sur une route, ou si elle était tombée dans un puits ? Je l'imaginais, se traînant, les reins brisés, sur les pattes de devant ou nageant désespérément dans de l'eau glacée. L'angoisse m'étreignit le cœur et je priai le ciel pour qu'il ne lui fût rien arrivé. J'en étais là de mes pensées quand un petit grattement contre la portière attira mon attention. C'était Hyphie.

Ah, qu'elle était jolie ma petite chienne !

Elle avait dû faire trois ou quatre fois le tour du département. Ses yeux étaient fiévreux et elle haletait. Devant ses babines barbouillées de sang, je ne m'attardai pas à chercher si c'était le sien ou celui de sa victime, car sa peau était déchirée, dans les ronces, en maints endroits. Elle dut comprendre que je n'étais pas content du tout car elle s'aplatit sur le sol, la queue entre les jambes en me montrant le blanc de ses yeux pour m'amadouer. Quand je voulus la saisir, elle se coucha sur le dos en me montrant son ventre, ce qui, chez les chiens, représente une preuve de contrition des plus manifestes. Elle émit même un petit pipi involontaire. Débarrassé du souci qui me rongeait, j'avais une envie folle de la fesser d'importance, mais c'eût été une faute psychologique grave car lors d'une escapade future elle aurait différé son retour un peu plus longtemps. Je la couchai donc sur la banquette arrière en refusant catégoriquement au passage quelques léchages de main qui se voulaient réconciliateurs. Je mis la voiture en marche et nous partîmes. Il était temps : la neige s'était accumulée sur le chemin de terre et si je n'avais pas pris la précaution de me garer face à la pente, je serais resté bloqué sur place. C'était l'oncle Nané qui m'avait appris ça : toujours se garer face à la pente.

Le voyage du retour fut un enfer. Je dérapais dangereusement dans les virages et comme on y voyait très mal, je faillis me tromper de route à plusieurs reprises. Je traversai plusieurs villages aux rues désertes et aux volets clos, ce qui me dissuada de réveiller quelque habitant pour téléphoner à ma famille. D'autant qu'avec mon extinction de voix, je risquais de gaspiller un temps précieux en explications. Par contre et avec autant de force que le permettaient mes cordes vocales en charpie, j'accablais Hyphie de reproches bien sentis du genre: "Oh le vilain chien-chien qui a fait de la peine à son maître" pour faire naître et même entretenir chez elle un sentiment de culpabilité. Profitant de la lumière d'un réverbère, je jetai un coup d'œil sur la banquette arrière. Hyphie dormait comme un loir, couchée sur le dos, les quatre pattes en l'air pour soulager ses coussinets à vif. Elle ronflait même doucement et sans complexe. Une telle désinvolture me révolta profondément.

Lorsque j'arrivai enfin chez moi, la maisonnée était en ébullition.

Toutes les lumières étaient allumées et les coups de téléphone se succédaient alternativement des hôpitaux aux gendarmeries de la région. Ma fille qui avait huit ans pleurait sur une chaise en se rongeant les ongles.

Je posai Hyphie à terre et lui donnai quand même à boire. Après avoir narré longuement et avec les difficultés que l'on devine mes aventures à ma femme, je lui annonçai : "Heureusement que la récolte a été magnifique, d'ailleurs tu vas voir." Je ressortis, ouvris la voiture et j'eus l'impression que le ciel me tombait sur la tête. J'avais oublié la biasse et elle devait maintenant être ensevelie sous quelque trente centimètres de neige. C'en était plus que je ne pouvais supporter, et bien qu'Hyphie ne pût en aucune façon être considérée comme responsable de ma négligence, je décidai de lui infliger la punition suprême, le châtiment exceptionnel.

Les lecteurs sensibles feront bien de sauter les lignes suivantes.

C'est une tradition bien établie dans la famille : les chiens qui ont bien travaillé et contribué ainsi à une belle récolte, passent la nuit dans notre lit. Cela représente pour eux la plus exquise récompense qui soit.

Eh bien, ce soir-là, Hyphie a dû se contenter de dormir sur le divan du salon. Ah mais ! c'est qu'on ne badine pas avec la discipline chez nous !

Trois ans plus tard, comme j'allais chercher des champignons, j'ai eu la mauvaise idée d'emmener Hyphie avec moi. Il n'y avait pas encore de truffes et probablement ni lièvres ni lapins. Elle entreprit d'inventer un nouveau jeu : la chasse à la vipère. Elle est morte le lendemain sans que le vétérinaire que j'avais appelé à son chevet puisse rien y faire.

Je ne l'ai pleurée que trois jours et trois nuits. Pas davantage. Je ne suis pas du genre sentimental !

Une dernière recommandation, si vous avez des enfants : ne les laissez pas jouer avec les chiens et ceci pour des raisons d'hygiène élémentaire. Les enfants, surtout lorsqu'ils sont scolarisés, peuvent être porteurs de germes pathogènes. Pouvez-vous imaginer sans frémir de devoir vous priver de votre meilleur chien truffier, cloué au lit par la rougeole ou la varicelle, alors que les garrigues regorgent de truffes ?

ARREST

DU PARLEMENT,

Qui fait inhibitions & défenses à toutes personnes de fouiller les Truffes dans les propriétés d'autrui sans la permission du propriétaire.

Du 19 Avril 1784.

Extrait des Registres de Parlement.

SUR la requête présentée à la Cour par le Procureur Général du Roi, contenant que les Paysans font métier de creuser dans les propriétés d'autrui, & dans les terres qui portent des Truffes, qu'ils s'approprient par un véritable larcin; qu'ils se servent même de la pioche qui est destructive, non seulement de cette production & des semences que la truffe jette, mais encore des racines des chênes, & autres arbres; & comme il importe de réprimer cet abus prohibé de tous les tems, REQUIERT être ordonné qu'inhibitions & défenses seront faites à toutes personnes de fouiller les Truffes, en quelque maniere & par quelque moyen que ce soit, sans la permission du propriétaire, & d'y employer, même avec sa permission, la Pioche ou autre instrument capable de nuire à leur multiplication, & aux racines des arbres; le tout à peine d'en être informé par les Juges des lieux, à la poursuite des propriétaires, ou à celle du Ministere public, ensemble de telle amende qu'il appartiendra, même d'emprisonnement des contrevenans, qui pourront être arrêtés en flagrant délit, & de punition plus forte en cas de récidive : REQUIERT en outre que l'Arrêt qui interviendra sera publié à son de trompe, imprimé & affiché par-tout où besoin sera, & que copie d'icelui sera envoyée aux Sénéchaussées & Jurisdictions royales & Seigneuriales du ressort de la Cour, pour y être lu, publié & enrégistré, & qu'il sera enjoint à ses Substituts & aux Procureurs Jurisdictionnels de tenir la main à son exécution, & d'en certifier au mois. Vu ladite requête signée Le Blanc de Castillon; & oui le rapport de Me. Honoré de Barrigue, Chevalier, Seigneur de Montvallon, Conseiller du Roi, Doyen en la Cour; tout considéré. DIT A ÉTÉ que la Cour a fait & fait inhibitions & défenses à toutes personnes de fouiller les Truffes, en quelque maniere & par quelque moyen que ce soit, sans la permission du propriétaire, & d'y employer même, avec sa permission, la pioche ou autre instrument capable de nuire à leur multiplication & aux racines des arbres; le tout à peine d'en être informé par les Juges des lieux, à la poursuite des propriétaires, ou à celle du Ministere public; ensemble de telle amende qu'il appartiendra, même d'emprisonnement des contrevenants, qui pourront être arrêtés en cas de flagrant délit, & de punition plus forte en cas de récidive : Ordonne que le présent Arrêt sera imprimé, publié à son de trompe & affiché par-tout où besoin sera; & que copie collationnée d'icelui sera envoyée aux Sénéchaussées & Jurisdictions royales & Seigneuriales du ressort de la Cour, pour y être lu, publié & enrégistré : Enjoint aux Substituts du Procureur Général du Roi & aux Procureurs Jurisdictionnels de tenir la main à son exécution, & d'en certifier au mois. Fait au Parlement de Provence séant à Aix, le dix-neuvieme jour du mois d'avril mil sept cent quatre-vingt-quatre.

Signé, DE REGINA.

A AIX, chez Joseph David, Imprimeur du Roi & du Parlement. 1784.

CHAPITRE VI

LE BRACONNAGE

"A Aix il y a de vieux rabastins, tous larrons, renards et sans conscience..."

De la Truffe, Moynier, 1836

"Ta femme, tes truffes, ton jardin, garde-les bien de ton voisin."

Proverbe périgourdin

"L'oncle examinait le tableau de chasse du petit bonhomme :

— Oh oh ! dit-il, en le menaçant gentiment de l'index. Tu es donc un vrai braconnier ?

Il répondit d'un air surpris :

— Moi, je suis des Bellons !

Mon père lui demanda le sens de cette réponse :

— Ça veut dire que ces collines, c'est le bien des gens d'ici. Ça fait qu'on est pas des braconniers !"

Le Château de ma mère, Marcel Pagnol

Il existe dans l'inconscient de tous les peuples de la terre une admiration affectueuse et surprenante à l'égard des malfaiteurs, à condition toutefois que leurs forfaits ne soient pas trop épouvantables. Certains y verront sûrement un exutoire permettant de transgresser, sans douleur et par voyous interposés, réels ou imaginaires, tous les tabous et toutes les frustrations qui sont le lot des sociétés dites civilisées.

La France est probablement un des pays où le phénomène se manifeste avec le plus d'ampleur. Bien avant que de savoir lire, le jeune Français s'enthousiasme au spectacle de Guignol en train de tabasser le gendarme. Quelques années plus tard, à l'âge où le sens moral devrait se former, il se régale des aventures édifiantes des "Pieds Nickelés" dont les larcins, les magouilles, les arnaques, les escroqueries, les cambriolages, les carambouillages et les malversations en tous genres connaissent depuis 1908 le succès que l'on sait. C'est avec délice qu'il se penchera ensuite dans la lecture des exploits d'Arsène Lupin, gentleman cambrioleur ("gentleman" comme le bandit corse est "d'honneur"), un de nos héros nationaux parmi les plus célèbres. Qu'il ambitionne de parfaire encore un peu son éducation et il n'aura que l'embarras du choix : de Panurge à Spaggiari, en passant par Mandrin, Cartouche, Gaspard de Besse et bien d'autres, ce ne sont pas les sympathiques canailles qui manquent dans la littérature. Il pourra même s'adonner à la lecture des œuvres d'Henri de Monfreid, le talentueux auteur de la *Croisière du Haschisch*, qui ne devrait plus tarder à devenir l'idole posthume des petits dealers. Et ne parlons pas du théâtre ou du cinéma qui avec des œuvres comme *Topaze* de Marcel Pagnol* ou *Les Ripoux* ne sont, à y regarder de près, qu'incitations à la délinquance. On le devine : des citoyens ayant baigné depuis leur plus tendre enfance dans un tel climat ne peuvent qu'éprouver une propension irrésistible au braconnage en général et en particulier celui qui, à l'usage, est le plus facile, le plus lucratif et le moins puni : le braconnage de la truffe.

La Provence est indubitablement la région trufficole de France où le braconnage sévit avec le plus d'intensité, s'exerce avec le plus

* Marcel Pagnol (1895-1974), écrivain marseillais, dont l'œuvre dans son ensemble témoigne de la même immoralité flagrante. Qu'on en juge : outre le personnage de Topaze, le "Papé" de Jean de Florette assassine dès le début de l'ouvrage un brave homme qui refusait de lui vendre son terrain, puis il pousse au désespoir un écologiste avant l'heure et cause indirectement sa mort en le privant de l'eau de sa source. L'auteur lui-même, dans ses souvenirs d'enfance (*La Gloire de mon père, Le Château de ma mère*), se complaît dans la description des traitements cruels qu'il inflige aux animaux. C'est avec un plaisir malsain qu'il perfore le tube digestif des insectes (la paille au cul !), ailleurs il se livre à une véritable apologie du braconnage, et servant de rabatteur à son père et à son oncle, se flatte de contribuer à de véritables massacres d'espèces rares. Et tout ça pour de l'argent. Dans les milieux cynégétiques pourtant relativement indulgents en la matière, on appelle de tels personnages des "viandards" et ils font l'objet d'un mépris général. Le plus choquant c'est que Pagnol ne manifeste jamais la moindre réprobation envers les agissements de ces créatures, ni le moindre remords envers les siens propres (que toute son œuvre soit écrite avec un style admirable n'excuse rien !). L'auteur a connu et connaît encore en France un succès considérable. Le contraire eût été étonnant. On peut quand même se demander si l'Education Nationale a été bien inspirée en donnant son nom à un lycée d'enseignement secondaire. Avec de tels directeurs de conscience, on n'est pas près de voir diminuer la délinquance chez les adolescents !

d'ingéniosité et rencontre le moins d'opprobre auprès de la population. On ne peut vraiment pas dire que nous en soyons fiers, mais c'est ainsi : nous sommes les champions !

a) LE BRACONNAGE SUR LES TRUFFIERES NATURELLES (ou spontanées)

Cette forme de braconnage est la plus répandue et la plus difficile à combattre. On peut d'ailleurs se poser la question de savoir si elle est dans tous les cas répréhensible. Quand on sait qu'il existe chez nous des territoires immenses, vierges de toutes habitations, difficilement pénétrables et dont on ne connaît souvent plus les propriétaires, il est bien difficile d'accuser de vol le rabassier. Il vous rétorquerait avec bon sens : "si je ne les cave pas, ces truffes, elles seront perdues pour tout le monde". D'ailleurs, les Provençaux de souche, surtout dans les régions où la trufficulture n'était pas pratiquée de façon courante, n'ont jamais vraiment pris la truffe au sérieux. Jusqu'à une date récente, ils la considéraient comme un champignon parmi tant d'autres, qui appartenait à celui qui la trouvait. Le mot rabasse d'ailleurs, est significatif, à cet égard: "le suffixe augmentatif *asso* a une nuance en général péjorative*" (que l'on rencontre dans des mots comme : *estrasse* (chiffon), *vidasse* (vie de chien), *braillasse* (mal habillé) et d'autres beaucoup moins convenables et viendrait compléter le mot *rabo* (rave).

Encore de nos jours, sur les pentes du Ventoux et ailleurs, on tolère que le chasseur en cave une (mais pas plus) à la mouche et pour sa brouillade personnelle.

De nombreux propriétaires de garrigues, qui ne cherchent pas les truffes eux-mêmes, se les font voler avec une résignation fataliste. Ils perdent ainsi chaque hiver des sommes considérables sans réagir, tout en se lamentant de la non-rentabilité de la forêt provençale.

Il n'y a pas si longtemps, dans les villages, la récolte des truffes était pratiquée par quelques petits vieux hors d'état de faire autre chose. Afin d'éviter des conflits territoriaux entre eux, ils procédaient de la façon suivante : ils édifiaient sur les truffières qu'ils avaient repérées une petite pyramide de pierres (un quillet ou quillot). Ils marquaient ainsi leur territoire comme certains animaux marquent le leur en urinant un peu partout. C'était également un moyen de prévenir les bergers qui devaient contourner le brûlé afin que leurs troupeaux ne tassent pas le sol. La question de savoir à qui appartenait

* Pierre Julian, in *La Perle noire du Comtat*.

le terrain ne se posait même pas. L'important, c'était que le propriétaire ignorât qu'il y avait des truffes.

Je reçus un jour la visite d'un Parisien qui voulait savoir s'il y avait des truffes sur un grand terrain de quelques dizaines d'hectares dont il venait de faire l'acquisition. Je suppose que l'ancien propriétaire, irrité de n'avoir jamais reçu la moindre truffe des rabassiers qui les volaient allègrement depuis toujours, lui avait malicieusement révélé dans le creux de l'oreille la présence des délicieux hypogés, espérant que, étranger au pays, il aurait beaucoup moins de scrupules et d'avantage d'autorité pour endiguer le pillage.

Nous voilà donc partis tous les deux avec Hyphie pour visiter le terrain. Des truffes, il y en avait partout et de belles ! Elles étaient d'autant plus faciles à trouver que toutes les truffières étaient signalées par ces petites pyramides de pierres dont j'ai parlé. La récolte commençait bien quand, tout à coup, nous nous trouvâmes nez à nez avec un petit vieux tout ratatiné qui cavait de son côté avec un chien. Il entra dans une colère inouïe. Il était fou de rage, nous traitant même de voleurs et nous menaçant d'aller immédiatement porter plainte à la gendarmerie.

Pour un peu, il nous aurait frappés.

Quand le nouveau propriétaire lui fit savoir qu'il venait d'acquérir ce terrain et que c'était, en réalité, lui le voleur, son comportement changea du tout au tout. Il s'effondra comme une baudruche et je crus même un moment qu'il allait éclater en sanglots. Mais il dut se dire que tout n'était peut-être pas perdu car quelques instants plus tard, ayant repris une certaine assurance, il demandait à mon Parisien de lui laisser caver à nouveau les truffes: "Je vous en donnerai quelques boîtes à Noël", implorait-il. On notera ici, avec intérêt, que tous les rabassiers un peu futés offrent des truffes en boîtes lorsqu'ils ont l'autorisation de caver. Il y en a même qui ont dans leur cave une sertisseuse uniquement destinée à cet usage. J'ai posé un jour naïvement la question à l'un d'eux : "Pourquoi ne pas leur donner des truffes fraîches ? Ça vous ferait moins de travail." Je vous livre la réponse : "Té pardi, pour qu'ils y prennent goût !" Il s'est bien gardé, par contre, de m'avouer que c'était un moyen élégant pour se débarrasser des *T. Brumale*. La voilà bien, la seule utilisation rationnelle des truffes en conserve !

"Il fallait y penser avant, mon cher, désormais c'est ce monsieur-là qui récoltera mes truffes", lui répondit le propriétaire en me désignant du doigt avec un petit sourire supérieur. Le petit vieux partit en mau-

Panneau officiel (camp de Canjuers).

Pancarte d'un rabassier excédé (Les Salles).

Jours heureux

ou malheureux

du marché de Carpentras.

gréant, le dos voûté et comme accablé par une profonde injustice. Même son chien qui le suivait marchait la queue entre les jambes. Moi j'étais ravi de l'aubaine et Hyphie ne tenait plus en place ; les teckels ont un don particulier pour analyser dans ses moindres détails un conflit psychologique entre humains. Nous poursuivîmes la récolte qui se révéla merveilleuse et que, selon l'usage, nous partageâmes.

Quinze jours plus tard, je recevais une lettre recommandée avec accusé de réception de la part de mon Parisien : il était désolé, affirmait-il, mais ayant entre-temps acheté un chien, il se passerait désormais de mes services.

J'avais commis une faute impardonnable. Je lui avais naïvement laissé emporter des truffes fraîches ! J'étais à l'époque président d'un syndicat de producteurs de truffes et je considérais comme une mission sacrée de sensibiliser à la truffe les propriétaires terriens. Je fus donc contraint de me réjouir de cette subite prise de conscience rabassière. Mais ce fut dur.

Quoi qu'il en soit, quillet de pierres ou pas, le propriétaire est maître chez lui. La loi est formelle ; il n'y a même aucune obligation à poser des écriteaux ou à enclore le terrain. Et pas seulement pour les truffes. G. Fourré raconte l'histoire d'un ramasseur de champignons qui fut condamné le 6/11/1986 par le tribunal de Bordeaux pour avoir ramassé sans autorisation une poignée de cèpes. L'amende fut dérisoire, mille francs et encore avec sursis, mais dans les attendus du tribunal on peut lire cette précision importante "l'amende aurait été plus conséquente s'il s'était agi de champignons de valeur supérieure, comme les truffes".

Dans le cadre de mes fonctions présidentielles, j'ai conseillé à mes ouailles de faire les choses dans les règles : toujours faire établir une autorisation écrite, précisant bien la durée de validité et les conditions du contrat, préférer payer le droit de caver en espèces sonnantes et trébuchantes, plutôt qu'en truffes, afin d'éviter les malentendus. Sauf évidemment dans le cas d'un propriétaire amateur éclairé de truffes et qui le demande expressément. Nombreux furent ainsi les membres de notre syndicat qui purent se livrer à leur passe-temps favori en toute tranquillité et en coiffant au poteau une ribambelle de rabassiers sans foi ni loi qui pillaient leur prochain sans bourse délier. Et je pense que c'est bien ainsi car, on le constate tous les jours, les truffières abandonnées à la convoitise de tout un chacun cessent de produire très rapidement. Certaines sont visitées et labourées d'une manière anarchique sept ou huit fois par week-end. Il m'est même arrivé de voir un arbre qui venait tout juste d'entrer en production mourir dans l'année des suites du traitement qu'on lui avait infligé. C'était à pleurer, quand on sait que, traité avec plus d'égards, le chêne aurait pu produire des truffes pendant un demi-siècle.

Je ne peux résister ici au plaisir de vous raconter l'aventure qui est arrivée à un de mes amis avocat, dans sa quête éperdue pour décrocher des autorisations.

Il avait repéré dans le Luberon un splendide territoire truffier qui lui avait mis l'eau à la bouche. Il devait apprendre, après enquête, que le terrain appartenait à une certaine Mlle Ingrid Muller (je ne donne pas le vrai nom pour qu'elle ne soit plus importunée), informaticienne de haut niveau de son état et habitant Zurich. Mon ami se disait en lui-même : "Elle ne doit venir qu'en été pour passer les vacances. Ainsi, dès que j'aurai l'autorisation, je pourrai récolter tranquillement les truffes sans l'avoir constamment sur le dos pour vérifier la récolte. En Suisse, d'ailleurs, on ne sait probablement même pas ce que c'est que la truffe. A part le fromage, le chocolat et la viande des Grisons, ces gens-là ne connaissent rien. Ce serait vraiment trop bête de partager la récolte comme le veut l'usage. Ça pourrait même la rendre malade si elle en mangeait trop et il risque bien d'y en avoir trop pour une personne vivant seule." Il imaginait la pauvre fille clouée sur un lit d'hôpital, à la suite d'une indigestion dont il serait le responsable involontaire. Cela ne devait pas être car l'informatique helvétique, privée d'une de ses plus éminentes spécialistes, risquait de se trouver dans une situation catastrophique.

Et le voilà donc parti pour écrire une lettre qu'il me fit lire et qui demeure encore dans ma mémoire comme un petit chef-d'œuvre de duplicité :

Mademoiselle,

Ayant appris fortuitement que vous étiez propriétaire du terrain situé à... sur la commune de... (fortuitement, tu parles, il avait enquêté trois jours pleins pour trouver les renseignements)... *Etant depuis toujours passionné d'écologie* (c'est bon ça, l'écologie ; ces techniciens de haut niveau ont toujours quelque chose à se faire pardonner par les amoureux de la nature)... *J'ai entrepris depuis plusieurs années des recherches* (entre chercheurs on ne peut que bien s'entendre n'est-ce pas ?) *pour établir un inventaire mycologique* (inventaire, ça fait officiel)... *concernant en particulier les hypogés* (elle n'ira quand même pas voir dans le dico)... *C'est pourquoi je vous demande humblement l'autorisation de vérifier la présence éventuelle sur vos terres de Balsamia Vulgaris, Choiromyces Meandriformis, Terfezia Magnusii, Delastria Rosea, Elaphomyces Mutabilis, Elaphomyces Citrinus, Elaphomyces Anthracinus, Elaphomyces Dicipiens,*

Hymenogaster Bulliardi, Hymenogaster Calosporus, Hymenogaster Muticus, Hymenogaster Lycoperdineus, Hymenogaster Citrinus, Tuber Melanosporum, Octaviana Asterosperma, Hydnangium Carneum, Leucogaster Badius, Rhizopogon Rubescens, Melanogaster Variegatus, Cenococcum Geophilum et quelques autres... (le lecteur, s'il a eu le courage de lire toute la liste, aura deviné qu'elle n'avait été élaborée que pour dissimuler *T. Melanosporum*, l'unique objet de sa convoitise. Un peu comme dans ces contrats d'assurance qu'il faut lire mot après mot et avec une loupe pour dénicher la petite clause suspensive qui vous posera bien des problèmes plus tard, au moment de vous faire rembourser à l'occasion d'un sinistre).

Et il terminait délicieusement:

Dans l'attente d'une réponse favorable et dans l'espoir de vous recevoir un jour prochain à ma table (il n'aurait sûrement pas pris le risque de lui servir des truffes fraîches, le lascar!)

Veuillez agréer, Mademoiselle, etc.

Maître Untel,
Avocat au barreau de...

(des fois qu'il y aurait encore des gens suffisamment naïfs pour croire que tous les avocats sont des gens honorables et en qui on peut avoir confiance!).

Il se frotta les mains et me déclara, avec un petit sourire satisfait : "A mon avis, l'affaire est dans le sac!"

Trois jours plus tard il recevait un télégramme qui lui fit un peu l'effet d'une douche froide :

CAVEZ UNE SEULE DE MES RABASSES ET VOUS AUREZ DE MES NOUVELLES - STOP - A BON ENTENDEUR SALUT - STOP -

Signé : I. Muller

C'était une passionnée de truffes et elle avait bien l'intention de venir les récolter tous les week-ends d'hiver avec ses chiens : elle avait, d'ailleurs, acheté la propriété uniquement pour ça !

Le propriétaire candide de truffières se méfiera également du subterfuge suivant qui est très courant et d'une grande simplicité : une habitude assez répandue consiste pour le rabassier à visiter les truffières en compagnie du propriétaire mais avec le chien de la voisine qui n'a jamais marqué la moindre truffe. Au bout d'une heure ou deux de recherches vaines, par la force des choses, le rabassier indélicat déclare sur un ton navré en chassant avec la main les mouches rabassières qui envahissent le bas de son pantalon : "Ça n'a pas l'air bien fameux chez vous, mon pauvre, il faudra que je repasse de temps en temps, donnez-moi donc une autorisation écrite au cas où le garde champêtre me poserait des questions. Si jamais j'en trouvais quelques-unes, je vous le ferais savoir et nous les partagerions."

Le lendemain à l'aube, il retourne seul avec un bon chien cette fois et remplit la biasse... Il pourra même continuer à récolter des truffes pendant des années s'il prend la précaution d'en offrir à sa victime quelques boîtes à Noël.

Jusqu'au jour où un deuxième larron, un peu plus honnête ou, si l'on préfère, un peu plus avisé, démontrera au propriétaire combien il a été abusé et emporte le morceau.

Une variante poitevine de cette histoire m'a été contée par J. Manrezza. Il existait au début du siècle dans cette charmante province une coutume très particulière. Le propriétaire des truffières faisait appel aux services d'un chercheur de truffes qui venait une fois par semaine avec sa truie. Toutes les truffes récoltées lors du premier passage étaient pour le propriétaire. Ensuite, on laissait l'homme et l'animal effectuer seuls un second passage et les truffes oubliées au cours du premier pouvaient être récupérées par le chercheur. Ce devait être un crève-cœur pour lui de perdre les plus beaux carpophores, c'est-à-dire ceux qui sont détectés les premiers par la truie car ils sentent plus fort.

Alors, en secret, les paysans de là-bas avaient mis au point un ingénieux système constitué de lanières de cuir attachées solidement à la jambe et sur lesquelles était fixé un petit morceau de fer pointu. On passait le tout sous le pantalon, l'extrémité acérée sortant seulement vers l'extérieur et au niveau du flanc de la truie. Dès que l'animal manifestait les signes annonciateurs laissant supposer qu'une truffe était proche, l'homme donnait un grand coup de jambe dans le gras de la bête qui aussitôt abandonnait toute velléité de cavage. Lorsque le premier tour de terrain était terminé, le rusé paysan prenait un air faussement apitoyé :

"Pas bien fameuse la récolte cette année, Monsieur le Comte. Avec ces sécheresses estivales, cela n'a rien d'étonnant. Décidément, il n'y a plus de saisons.

Vous aurez peut-être plus de chance à la repasse mon brave !

— Ça m'étonnerait."

Et le coquin de rafler, peu après, la quasi-totalité de la récolte.

Il paraît même que la truie qui, contrairement à ce que beaucoup de gens pensent, est un animal très intelligent*, comprenait rapidement la manigance et s'abstenait de marquer les truffes en présence d'une tierce personne sans qu'il fût besoin de l'aiguillonner.

Toutes ces pratiques et bien d'autres encore, un livre entier n'y suffirait pas, pourront offusquer le lecteur. Elles ne sont pas très morales, j'en conviens. Mais elles relèvent davantage de la ruse intéressée que du vol à proprement parler. D'ailleurs, il faut que la victime soit bien naïve pour s'y laisser prendre. Si l'on compare le rabassier à un joueur de poker, on peut dire qu'il bluffe, ce qui est finalement un art difficile face à un adversaire avisé. Le vrai braconnier qui sévit sur des truffières cultivées, entretenues et, sans autorisation aucune, utilise des cartes biseautées, ce qui est contraire à toutes les règles et nous révolte au plus haut point.

b) BRACONNAGE SUR LES TRUFFIERES NATURELLES MAIS ENTRETENUES PAR LA MAIN DE L'HOMME

Il s'agit de truffières naturelles sur lesquelles le propriétaire ou son fermier aura réalisé quelques actions destinées à accroître la production et à la prolonger dans le temps : le plus souvent griffage du sol au printemps et, éventuellement, suppression des cades, genévriers et autres espèces végétales menaçant le brûlé d'étouffement.

Dans les régions de tradition trufficole bien établie, ces pratiques sont courantes. Elles sont également très favorables à une bonne production. Jusqu'à ces dernières années, la quasi-totalité des braconniers s'interdisait de commettre le moindre larcin sur des truffières ainsi conduites. Mais les choses sont malheureusement en train de changer.

Le terme "intervention de la main de l'homme" est considéré par la loi comme un facteur aggravant en cas de délit de vol. On ne saura donc jamais trop conseiller au propriétaire, comme à son fermier, d'entreprendre de telles interventions.

* Mais pas aussi intelligent que le teckel quand même.

c) BRACONNAGE SUR LES TRUFFIERES PLANTEES ET ENTRETENUES

Mettez-vous à la place d'un trufficulteur : il a acheté un terrain, l'a complanté avec des chênes et des noisetiers mycorhizés qu'il a payés fort cher, il les a ensuite désherbés, griffés, taillés et souvent arrosés pendant plus de dix ans et voilà que, le jour tant attendu de la récolte étant enfin venu, il se fait voler en quelques heures le fruit si mérité de son travail. La chose est presque aussi révoltante que le spectacle d'un voyou délestant une petite vieille de ses économies. D'autant que les truffières ne pouvant être efficacement surveillées jour et nuit, le méfait est facile à commettre.

Si le cavage sans autorisation sur les truffières naturelles peut parfois prêter à sourire par son aspect folklorique, le braconnage des truffières cultivées provoque l'indignation. Et, d'ailleurs, les sanctions pénales sont graves. En 1987, sur le plateau de Valensole, deux malfaiteurs furent pris en flagrant délit de braconnage. Ils furent condamnés à deux mois d'emprisonnement avec sursis (gare à la récidive!), trois mille francs d'amende et trois mille cinq cents francs à titre de dommages et intérêts pour la victime. Bien cher payé pour une poignée de truffes volée et d'ailleurs restituée un peu plus tard.

Mais les braconniers, dans l'hypothèse où ils auraient été informés de ce procès, ne se sont pas calmés pour autant. Il semble même que leur activité se soit intensifiée ces derniers temps ; compte tenu des sommets vertigineux qu'atteignent les prix de la truffe, certains se sont munis de talkies-walkies. Tandis que l'un braconne, l'autre, perché sur un quelconque relief, guette, prêt à donner l'alarme. D'autres, plus retors encore, ont dressé des chiens qui vont en pleine nuit piller les truffières en ramenant le fruit de leur maraude à leur maître confortablement installé dans sa voiture.

Enfin, et là nous sortons du cadre du braconnage pour aborder des pratiques de brigands de grand chemin, on a vu d'honorables courtiers se faire braquer en plein jour et délester de plusieurs dizaines de kilos de truffes par des individus sans scrupules.

La situation devient préoccupante et ne laisse rien présager de bon pour l'avenir. Nous nous permettons de donner quelques conseils : lorsqu'un délinquant est traduit devant les tribunaux, il faut mobiliser le plus de monde possible pour assister au procès. Ces gens-là redoutent le vedettariat comme les chats craignent l'eau froide. On conseillera aux trufficulteurs de bien mémoriser leur aspect général et les traits de leur visage, cela pourra servir le jour où ils les verront rôder autour de leurs truffières. Essayer de donner le maximum de retentissement à l'affaire par voie de presse, et surtout, ne jamais régler l'affaire à l'amiable avec un braconnier. S'il acceptait de vous dédommager, soyez bien sûr qu'il se procurerait l'argent en allant voler des truffes chez le voisin. Par contre, on peut offrir des récompenses aux gardes champêtres ou forestiers qui mettraient la main au collet d'un malfaiteur.

Dans les cas de braconnage réalisé au moyen de chiens qui rapportent les truffes à leur maître la nuit, la chose est difficile à combattre : on peut, bien sûr, entourer ses truffières d'un grillage assez haut pour que l'animal ne le franchisse pas, mais l'opération risque d'être d'un coût exorbitant. De plus, le braconnier aura tôt fait de pratiquer une ouverture avec une bonne pince coupante. La meilleure solution consisterait encore à disposer sur une truffe bien mûre une cage en grillage solide qui, par l'effet d'un mécanisme simple, se refermerait sur l'animal dès qu'il serait entré. La perte pour le braconnier serait d'importance car de tels chiens coûtent une fortune : plus de dix mille francs, dit-on. En aucun cas on ne disposera de pièges à mâchoire susceptibles de mutiler une pauvre bête dont le seul tort est d'obéir à un maître sans foi ni loi. De plus, d'autres animaux pareillement innocents pourraient en être les victimes ainsi qu'un promeneur égaré. A la limite, on déposera des "tapettes à souris" sur l'emplacement d'une truffe. Des expériences douloureuses répétées risquent bien de dissuader pendant longtemps le chien du braconnier. En général, le braconnier intelligent ne visite les truffières qu'une fois ou deux dans la saison, sachant que la vigilance du trufficulteur se relâche au fur et à mesure que s'éloigne dans le temps la date du dernier vol. Il est donc sage de récolter les truffes très souvent. La perte sera de moindre importance. Dans le cas de braconnage systématique effectué le même jour de la semaine (généralement le samedi ou le dimanche), on peut essayer la méthode préconisée par le CVVT (Comité de Vigilance contre le Vol de Truffes).

La veille ou l'avant-veille, enterrer des truffes fraîches, qui auront été préparées de la façon suivante : avec un cutter très fin, enlever un cône dans la chair de la truffe et dont on tronquera le sommet. Au fond de la cavité ainsi aménagée, on disposera une pincée de poudre d'aloès dont la saveur abominable est utilisée généralement pour dissuader les enfants de sucer leur pouce, un peu de bleu de méthylène ou de toute autre substance dotée d'un grand pouvoir colorant, un très fin ruban de plastique enroulé sur lequel aura été écrit avec un feutre indélébile le message suivant: *"Cette truffe a été volée. Veuillez téléphoner immédiatement au :...* (ici votre numéro de téléphone), *en indiquant le nom et l'adresse de votre vendeur : récompense trois mille francs.*" Ensuite, on replacera le cône tronqué dans sa position initiale en le fixant avec un peu de colle aux cyanocrylates. Il est absolument impossible de voir quoi que ce soit d'anormal. On enterrera ensuite soigneusement la truffe ainsi piégée en bordure d'un "brûlé".

On vérifiera deux jours plus tard que la truffe a bien été subtilisée. Dans ce cas, deux éventualités, soit le braconnier l'a réservée à son propre usage et on ne peut que se réjouir en imaginant la tête qu'il fera en contemplant sa dinde de Noël bleue comme un lagon des mers du Sud et irrémédiablement rendue immangeable. De plus, en examinant le résultat de plus près, il trouvera le message qui ne manquera pas de le plonger dans un profond désarroi, soit la truffe a été vendue sur le marché et les désagréments n'en seront pas moindres pour notre braconnier : si c'est, par exemple, chez un conserveur qu'elle finit par atterrir, elle risque de contaminer tout un lot de truffes. Ce dernier, là encore prévenu par le message, vous contactera probablement pour conduire de concert une action en justice contre le malfaiteur. D'aucuns objecteront que ce ne sont ni les consommateurs ni les conserveurs qui doivent faire les frais de la malhonnêteté de certains. C'est vrai, mais que de fois l'usager fait les frais des grèves dans les services publics sans qu'il soit responsable des problèmes salariaux existant entre la direction et les employés. Quel que soit le devenir envisagé de la truffe piégée, il est très probable que votre braconnier ira désormais exercer sa coupable activité sous d'autres cieux. Dans le cas où la truffe n'aurait pas été subtilisée (ah, les lamentations déchirantes du propriétaire, disant : *Malheur, je n'ai pas été braconné*), elle sera récupérée. Inconsommable, elle pourra toujours être vendue à un pépiniériste pour mycorhizer des plants.

Une dernière occupation très amusante et, ma foi, assez lucrative, consiste à pratiquer la chasse aux braconniers. C'est une brave dame de mes amies qui l'a mise au point et je tiens à rendre, ici, hommage à son imagination. Je ne vous dirai ni son nom ni même l'endroit où elle pratique son hobby favori, car elle m'a fait jurer de ne rien dire. Par contre, je vais vous décrire comment fonctionne le "piège à braconniers". Elle possède un terrain bien en vue à partir d'une petite route départementale très fréquentée avec quelques *bancaous* où poussent de nombreux chênes, dont aucun d'ailleurs, n'est truffier. Tous les ans, munie d'un pulvérisateur contenant une solution de désherbant, elle confectionne une dizaine de faux brûlés bien circulaires.

Dès que la saison des truffes arrive, elle en enterre quelques-unes et se tapit avec son mari dans un buisson, d'où ils ont tous deux une vue englobant la totalité de leurs terres. Avec eux un dogue allemand, doux comme un agneau mais très impressionnant et un appareil photographique Polaroïd, pour les preuves du flagrant délit. En général, il ne faut pas attendre longtemps : bientôt une voiture s'arrête et en sort un braconnier qui se dirige vers les pseudo-truffières avec d'infinies précautions. Quand il a cavé sa truffe, les deux complices s'approchent en catimini, prennent la photo et préviennent en montrant leur monstre de chien : *Ne bougez surtout pas, il vous mettrait en pièces.* La malheureuse victime, interdite, n'en mène pas large et se déclare prête à transiger à n'importe quel prix pour éviter de comparaître devant les gendarmes. En général, on s'arrange à l'amiable pour la bagatelle de quelque deux mille cinq cents francs. Un peu moins, ces gens-là ont du cœur, lorsqu'il s'agit d'un chômeur de longue durée ou d'un autre cas social.

Un jour, elle m'a téléphoné, hilare : *Samedi dernier nous en avons pincé quatre et dans le nombre, tiens-toi bien, il y avait un inspecteur des impôts, je crois que je ferais bien de les déclarer, ses deux mille cinq cents francs, non ?...*

Comparez le comportement du chêne et du pin un an après incendie.

CHAPITRE VII

LA TRUFFE ET LA FORÊT PROVENÇALE

"... On ne possède guère de documents précis sur les vieux chênes pubescents, peu vénérés par les gens du Midi, où le respect de l'arbre n'a jamais été une qualité majeure..."

Pierre Lieutagui
Le Livre des arbres, arbustes et arbrisseaux.

"... Il résulte que le boisement et la création de truffières constituent les deux termes du problème à résoudre et dont la solution est telle: l'aménagement des sols incultes d'une part, et la culture de l'arbre truffier de l'autre. Ils se complètent et se pénètrent à tel point que le but à atteindre peut être défini par la formule:

La trufficulture par le reboisement,
Le reboisement par la trufficulture."

Docteur L. Pradel
Manuel de Trufficulture (1914)

Contrairement à ce que pensent beaucoup de gens, la forêt française s'étend d'année en année. Des territoires immenses sont abandonnés par l'agriculture car inaccessibles aux engins mécaniques comme par exemple les *bancaous*. Un pourcentage élevé de champs où l'on cultivait du fourrage pour les animaux de trait ont été également libérés tandis que les rendements agricoles augmentaient dans des proportions incroyables. En quarante ans le rendement de blé a triplé. Et le Français mange moins. Le travailleur, au début du siècle, abattait ses quatre-vingts heures de travail manuel par semaine et exigeait une nourriture bien plus roborative que celle de nos contemporains. On produit désormais davantage avec moins de travailleurs et en utilisant moins de terrain. Avec les cultures hors sol on n'a même plus besoin de terre du tout. Ce n'est plus la disette qui menace mais la surproduction que l'on redoute. Au point d'ailleurs qu'un pourcentage important de terres devra être mis en jachère forcée avec pour conséquence les drames que l'on devine.

Cette colonisation par la forêt des espaces ruraux abandonnés se traduit, en Basse-Provence surtout, par une prolifération anarchique du pin d'Alep. L'arbre est peu difficile quant à la qualité du sol et résiste merveilleusement bien à la sécheresse. Dans le temps, on utilisait ses branches basses pour chauffer les fours de boulanger. Le pain en prenait une saveur incomparable. Les arbres se portaient bien de ce traitement : ils poussaient plus droit et surtout la forêt était mieux entretenue. Les départs de feu étaient rares et les incendies mieux maîtrisés. L'arbre adulte était également gemmé, c'est-à-dire que l'on pratiquait des incisions verticales sur le tronc, par où s'écoulait la résine que l'on recueillait dans de petits pots en argile vernissée. Lorsqu'on en avait récolté une quantité suffisante, on la transportait à l'usine qui se chargeait d'en extraire l'essence de térébenthine, très prisée par les fabricants de peinture à l'huile.

Tout ceci est bien fini.

Les fours de boulangers sont chauffés au fuel ou à l'électricité et l'essence de térébenthine a cédé la place à des produits comme le *White Spirit,* infiniment moins coûteux. Le pin d'Alep n'intéresse pratiquement plus personne. Que pourrait-on d'ailleurs en faire? Du bois d'œuvre, peut-être? Il n'est pas très apprécié dans cet usage, et pas davantage en menuiserie ou en ébénisterie. En tant que bois de chauffage c'est, par ailleurs, un combustible très médiocre. Il faut avoir essayé une fois d'en brûler dans sa cheminée pour en être dégoûté à jamais : il pétille avec autant d'exubérance qu'une poignée de maïs jetée dans une poêle chauffée au rouge et projette des escarbilles dans tous les sens. De plus, sa fumée, riche en résine vaporisée, couvre littéralement les parois du conduit de cheminée d'un enduit très dangereux car très inflammable. Il ne resterait finalement plus que les fabricants de pâte à papier pour lui trouver quelque attrait. Mais l'offre est si abondante, surtout après les incendies de forêt, que la demande est saturée et les cours ridiculement bas.

Peu utilisé, l'arbre devient envahissant. Il finit par rendre la forêt impénétrable, ce qui est fâcheux pour la lutte contre les incendies. Car le pin d'Alep est un arbre particulièrement vulnérable devant le feu : pendant l'été il perd ses aiguilles, ce qui lui donne, de loin, comme des reflets roses du plus bel effet. Cette litière, qui n'a pas le temps de se transformer en compost, est éminemment inflammable. Tous les apiculteurs vous le diront : elle n'a pas sa pareille pour les enfumoirs. Pour peu que la sécheresse sévisse, que le mistral souffle fort : le moindre mégot, non éteint, jeté d'une voiture, débouche sur la catastrophe : le feu se propage de proche en proche, embrase les branches mortes du bas, gagne l'arbre tout entier et bientôt, ils sont des centaines à flamber dans un vacarme assourdissant. Sous l'effet de la chaleur, l'écorce éclate. Un essaim d'escarbilles incandescentes s'envole, aspiré par le souffle d'air chaud. Le mistral les rabat latéralement aussitôt et elles peuvent, dès lors, propager le feu à des distances considérables. La température s'élève encore. On a l'impression que la résine se vaporise. Les pins ne brûlent plus : ils explosent littéralement ! Chaque été de malheureux pompiers sont ainsi pris au piège dans la fournaise et périssent dans d'atroces souffrances.

Car c'est en été que les incendies sont le plus redoutables, et c'est en été que les touristes sont le plus nombreux, avec, parmi eux, beaucoup d'imprudents, de pervers et de pyromanes lâchés dans la nature. Lorsque l'on sait que les canadairs ne peuvent décoller lorsque le vent est trop violent (force 9), qu'ils ne peuvent opérer de nuit et qu'on enregistre certains jours un départ de feu toutes les sept minutes, on comprendra que les incendies de forêt continuent de se multiplier tandis que les moyens mis en œuvre augmentent.

On a bien essayé de lutter contre ce fléau en effectuant des débroussaillements systématiques. C'est une bonne chose en soi, mais ce sont des travaux coûteux dont le prix à l'hectare est bien souvent supérieur à la valeur du terrain. Et il faut les renouveler tous les trois ou quatre ans si on veut conserver leur efficacité. Il est à craindre que ni les propriétaires, ni les collectivités locales, ni même l'Etat ne puissent faire face bien longtemps à de telles dépenses. On a également voulu rentabiliser la forêt méditerranéenne en partant du principe que la perspective d'un rapport substantiel inciterait les responsables à entretenir la forêt. On a entrepris pour cela des plantations de pins noir d'Autriche, de pins Lariccio, de pins maritimes, de cèdres de l'Atlas, de pins Brutia (et même de pins d'Alep qui poussent pourtant tout seuls, sans problème et en abondance). Il devait trotter dans la tête des instigateurs de ces projets l'espoir de réaliser en Provence une aussi belle réussite que celle obtenue dans les Landes par Bremontier à la fin du XVIIIe siècle et sous le second Empire par Chambreleni. Dans cette région insalubre, marécageuse, et où sévissait la malaria, des milliers d'hectares de pins maritimes furent plantés. Ils fixèrent les dunes et leur bois contribua à la prospérité de la région. Mais les Landes ne sont pas la Provence. Le sol humide y favorise la croissance rapide des arbres, le climat y est moins sec, le mistral inconnu et un terrain plat ou presque favorise des interventions rapides. En dépit de cela, on peut y déplorer quand même des incendies cataclysmiques dont certains sont encore présents dans toutes les mémoires, comme celui de 1949.

Les gens de l'Office National des Forêts le reconnaissent maintenant eux-mêmes : la sylviculture en forêt provençale n'est pas rentable et ne le sera probablement plus jamais. La rage au cœur et la mort dans l'âme, il leur faut se résoudre à admettre que le seul intérêt de cette forêt est de servir de lieu de promenade aux citadins et de réserve de gibier aux chasseurs. Un point, c'est tout.

Il existe pourtant un aspect de la forêt jusqu'ici négligé, pour ne pas dire occulté, dont l'intérêt économique risque de bouleverser bientôt pas mal d'idées reçues : ce sont les champignons.

On assiste depuis un lustre ou deux à un véritable engouement pour les champignons de la part de la population française. Un exemple : dans les années 60, celui qui voulait acquérir ou parfaire des connaissances sur ces végétaux si passionnants avait le choix entre quatre ou cinq ouvrages. Il fallait en général les commander car ils étaient rarement disponibles immédiatement en librairie. Aujourd'hui, dès qu'arrive l'automne, les livres sur les champignons abondent. Chaque éditeur qui se respecte sort le sien. Les grandes surfaces elles-mêmes en présentent des kyrielles, tous plus luxueux les uns que les autres, étalés sur des dizaines de mètres carrés.

Tous les aspects, y sont abordés : taxonomiques, anecdotiques, écologiques et gastronomiques, bien sûr.

Mais c'est sur le terrain que l'on peut prendre la mesure de l'ampleur du phénomène : lorsque les conditions météorologiques sont favorables, on assiste à de véritables ruées vers les régions productrices. Les villes se vident, tandis que des embouteillages monstres paralysent la circulation des petites communes de l'arrière-pays dont les habitants n'avaient jamais rien vu de tel. Les citadins, qui, en semaine, s'arrachent péniblement de leur lit pour aller au travail, sont sur pied de guerre, frais et dispos, dès cinq heures, le samedi matin, afin d'être parmi les premiers sur le terrain. Certains arrivent même avant que le soleil ne soit levé dans le but de devancer la concurrence. Bientôt commence le ratissage au peigne fin de toutes les régions productrices des précieux carpophores. On fouille dans les buissons les plus épineux, on tâte à travers l'herbe afin de dénicher ceux qui sont encore trop petits pour être visibles, on balaie avec une branche les feuilles mortes pour éviter d'en oublier un seul. Nous sommes en présence d'un véritable phénomène de société. Les marchés ne comptent plus les étals devant lesquels se bousculent des nuées d'acheteurs insatiables et frénétiques. Les restaurants les plus prestigieux affichent à leur carte des spécialités mycologiques de plus en plus nombreuses. La langouste surgelée de Cuba ne fait plus recette : on lui préfère désormais les morilles "bien du pays*" à la crème. Le chateaubriand béarnais fait désormais ringard : place au succulent gratin dauphinois aux trois chanterelles (communes, jaunisantes, trompettes de la mort). Nous ne sommes plus très loin de rejoindre les Italiens dont la passion en la matière prend parfois un caractère obsessionnel.

Pendant ce temps, dans les campagnes, les paysans, un temps agacés par un tel remue-ménage, ont réagi une fois de plus avec bon sens. Plutôt que de s'épuiser à pourchasser les intrus, carabine à la main, ils font désormais payer le droit de ramasser les champignons. Pour accéder aux meilleurs sites il faut maintenant passer à la caisse. Les communes elles-mêmes délivrent des cartes journalières, mensuelles ou annuelles. Guy Fourré signale un record : *"Si vous allez ramasser vos chers champignons sur la commune de Méailles* (près d'Annot, dans les Alpes-Maritimes) *il vous en coûtera six mille francs par an, tant l'endroit est réputé pour ses cèpes."*

Il paraît qu'on refuse du monde à ce prix.

Toujours plus fort : tous les cinq ans, à Carpentras, se déroulent des adjudications concernant le droit de chercher les truffes dans le Ventoux. Il y a trois ans, un lot a trouvé preneur pour la somme de deux cent soixante mille francs (vingt-six millions de centimes pour ceux qui croiraient encore avoir mal lu !).

Je peux en témoigner, j'y étais !

On peut penser que l'heureux adjudicataire n'est ni insensé ni même particulièrement désintéressé. S'il a accepté de payer une somme pareille sans sourciller, c'est qu'il doit avoir la certitude de récupérer au moins deux ou trois fois la mise sur cinq ans.

Les champignons et plus particulièrement les truffes représentent probablement la richesse naturelle de la forêt la moins reconnue et pourtant la plus digne d'intérêt. Leur récolte n'impose pas le sacrifice de l'arbre comme c'est le cas en sylviculture. A l'automne dernier, les

* On en importe aussi de grandes quantités des Etats-Unis.

cèpes se vendaient sur les marchés pas loin de cent quatre-vingts francs le kilo, c'est-à-dire presque autant que le stère de bois de chêne. Mais l'année suivante, on peut refaire une récolte de champignons alors que pour le chêne abattu il faudra une trentaine d'années avant d'espérer une nouvelle coupe. La différence est de taille. Elle est encore plus manifeste dans le cas de la truffe dont les prix pendant la saison 1991-1992 ont frôlé les trois mille francs le kilo brut de cueillette, sur les marchés de gros.

La voilà donc, la solution pour occuper tous ces espaces en voie d'être abandonnés par l'agriculture. Plantons des arbres susceptibles de produire des champignons. En terrain siliceux et acide, plantons entre autres le châtaignier qui produit bien sûr des châtaignes, qui résiste bien au feu, qui donne un bois recherché en menuiserie et en ébénisterie, qui retient l'eau et dispense une ombre fraîche pendant l'été et au pied duquel abondent les cèpes, les chanterelles, les amanites comestibles comme la légendaire oronge. Dans les terrains calcaires, plantons du chêne truffier et, si l'on peut, du chêne pubescent. C'est l'arbre qui abondait au néolithique avant que l'homme ne s'en débarrasse presque complètement pour le remplacer par des champs cultivés. C'est un arbre majestueux sur lequel les druides cueillaient le gui, sous lequel Saint Louis rendait la justice, dans lequel vieillit l'armagnac et qui a réchauffé, en brûlant sagement dans l'âtre des chaumières durant les longues nuits d'hiver, les corps transis de nos ancêtres. Dans sa jeunesse, il peut donner des truffes, ce mets prestigieux dont la Provence est le lieu de prédilection. Il peut en produire pendant plus de cinquante ans puis les truffières deviennent forêts : la trufficulture est la seule culture qui se transforme en forêt tout au moins dans les terrains calcaires. Et quelle forêt! Une forêt de feuillus riche et dont le bois a permis à nos automobiles de rouler pendant l'occupation, il n'y a pas si longtemps. Il résistera bien aux incendies, et quand bien même il en serait la victime, il faut savoir que sans intervention humaine, il rejette de souche et reconstitue la forêt en un temps record. Cinq ans plus tard, on peut se promener à l'ombre dans une forêt de chênes qui a brûlé. Pour le pin d'Alep, qui se ressème, il faut attendre trente à quarante ans.

Plantons sans relâche des chênes truffiers partout où c'est possible.

Tous les gourmets de la planète attendent la truffe de Provence. Il serait impardonnable de les décevoir.

Pépiniéristes producteurs de plants à vocation truffière

Alpes-de-Haute-Provence :

M. Jean-Luc Bénard, agréé CTIFL*, Les Brieux, 04150 Redortiers, tél. 92.73.28.96.
M. Hippolyte Trouchet, agréé CTIFL, Hameau Les Turniers, 04200 Châteauneuf-Miravail, tél. 92.62.07.24

Bouches-du-Rhône :

Pépinières du Luberon, agréées CTIFL, sarl Naudet-Combe, quartier de la Canedière, 13640 Charleval, tél. 42.28.51.27
Pépinières Gauthier, quartier de la Grecque, 13670 Saint-Andiol, tél. 90.95.48.18

Drôme :

M. Pierre Aymé, Bramarel, 26200 Grignan, tél. 75.46.52.20

Gard :

M. Patrick Grazioso, 30120 Bez-et-Esparon, tél. 67.81.81.88

Vaucluse :

Mme Marie-Thérèse Laurent et L. Signoret, Le Coulet-des-Magnans, 84360 Mérindol-sur-Durance, tél. 90.72.81.20
M. Gilbert Espenon, route de Beaucet, Saint-Didier, 84210 Pernes-les-Fontaines, tél. 90.66.01.03
Pépinières Rey, agréées CTIFL, chemin de Lira, 84200 Carpentras, tél. 90.70.61.13
Pépinières Clop, agréées CTIFL, domaine Sainte-Cécile, 84200 Loriol-du-Comtat, tél. 90.65.72.46

*CTIFL : Centre Technique Interprofessionnel des Fruits et Légumes.

Nous ne saurions clore cette liste sans donner l'adresse d'Agri-Truffe :
Pépinières contrôlées par l'INRA, domaine de Lalane, Saint-Maixant, 33490 Saint-Macaire, tél. 56.62.00.53
Faute d'observations scientifiques réalisées selon un protocole expérimental rigoureux, il n'est pas possible, à l'heure où nous écrivons, et toutes choses étant égales par ailleurs, d'affirmer si certains plants sont supérieurs aux autres et dans quelles proportions, qu'il s'agisse de plants effectués par semis directs, racines nues, en godets, en mottes biodégradables (motte Melfert), inséminés, mycorhizés (et même avec le label Agri-Truffe). Nous sommes bien les premiers à le déplorer.

ENTRACTE

LA FIN TRAGIQUE DU PÈRE PISSACAN [1]

Au village tout le monde l'appelait le père Pissacan.

En Provence, on désigne par ce nom (qui ne doit rien à l'exode arménien de 1916) un champignon de couleur jaune extrêmement abondant sitôt que sont tombées les premières pluies de l'automne. Il ne présente aucun intérêt culinaire. Il est visqueux, insipide, rapidement écœurant et même pas présentable car, dès qu'on le cuit, il a tendance à prendre une couleur noirâtre du plus mauvais effet. Son seul intérêt serait peut-être de venir en aide aux personnes souffrant de troubles du transit intestinal, c'est pourquoi on le surnomme parfois : "la providence du constipé".

Le père Pissacan le dédaignait superbement, à l'instar de tous les habitants de la commune. Mais le brave homme, qui venait tout juste de fêter ses soixante-dix ans au moment où se passe notre histoire, avait consacré une bonne partie de sa vie à rechercher et récolter d'autres champignons beaucoup plus estimables.

Dès le printemps, il partait de bon matin, pour la chasse aux morilles en des lieux connus de lui seul. Les noires[2] surtout, si savoureuses, si parfumées, qui font merveille avec un poulet de grain et deux cuillères à soupe de crème fraîche. Il ne rejetait pas pour autant les blondes [3], peut-être un peu moins sapides mais bien agréables quand même dans des sauces.

Pendant l'été, à moins d'orages importants, il n'y avait pas grand-chose à ramasser, et le pauvre homme avait l'impression de faire pénitence. Mais dès le mois de septembre, son visage s'éclairait d'un large sourire, son corps tout entier se redressait, et sa démarche devenait plus assurée : la vraie saison des champignons était arrivée.

Ça commençait souvent par les cèpes, les "têtes de nègre" [4], qu'il récoltait massifs et pesants, en forme de bouchon de champagne,

1. Pissacan : *Suillus granulatus*
2. Morille noire : *Morchella conica*, variété Costata.
3. Morille blonde : *Morchella esculenta.*
4. Cèpe tête de nègre : *Boletus aereus.*

avec le chapeau guère plus large que le pied. Des cèpes qui devaient laisser entendre un léger craquement lorsqu'on les coupait, et non le chuintement désagréable caractéristique de ceux qui sont trop épanouis et dont la mousse est devenue jaunâtre. C'était également l'époque des girolles [5], qu'il faut savoir découvrir, et presque deviner sous la litière des chênes, de la prestigieuse et légendaire oronge [6] délicieuse même crue, avec un filet d'huile d'olive, un peu de sel et de poivre. Un peu plus tard, c'était le tour des chanterelles jaunissantes [7] à l'odeur voluptueuse de mirabelle et si difficiles à repérer tant elles se camouflent habilement au milieu des feuilles mortes. Mais voilà qu'apparaissaient bientôt les premiers pinins [8]. Les meilleurs. Le père Pissacan les choisissait petits, bien fermes, encore légèrement visqueux sur le dessus, le chapeau de préférence non encore entièrement déroulé. Par contre, il laissait de côté les "safranés"[9], qui, à la réflexion, ne sont pas aussi mauvais que ça. Mais que voulez-vous : cet homme-là avait ses préférences et c'était bien son droit s'il leur préférait les "anisés" [10], ces petits champignons verts, d'aspect inquiétant et que peu de gens savent comestibles. "Au four, avec une daurade, ça parfume autant et même mieux que le fenouil, avait-il l'habitude d'affirmer, et en plus ça se mange."

Dès les premières gelées, il se frottait les mains de bonheur : c'était maintenant l'époque des "trompettes de la mort" [11], si délectables pour peu qu'on prenne la peine de les faire sécher un jour ou deux, des barigoules [12] qui sont un présent des dieux, surtout lorsqu'on à la chance de les récolter sous une petite couche de givre, et des morilles d'automne [13], peu goûteuses peut-être, mais qui agrémentent si originalement une épaule d'agneau par leur fermeté.

Mais par-dessus tout, c'était la saison des truffes.

C'était malheureusement aussi la saison de l'angoisse pour la vieille Joséphine, son épouse depuis près d'un demi-siècle.

5. Girolle : *Cantharellus cibarius.*
6. Oronge : *Amanita Caesarea.*
7. Chanterelle jaunissante : *Cantharellus lutescens.*
8. Pinin : *Lactarius sanguifluus.*
9. Safrané : *Lactarius Deliciosus.*
10. Anisé : *Clitocybe odora.*
11. Trompette de la mort : *Craterellus cornucopioïdes.*
12. Barigoule : *Pleurotus eryngii.*
13. Morille d'automne : *Helvella crispa.*

“Avec tous ces chasseurs qui viennent de la ville, il t’arrivera malheur un de ces jours, ressassait-elle à longueur de journée.

— Mais non, mais non, marmonnait-il, agacé : je fais bien attention.

— Ce sont eux qui ne font pas attention, mon pauvre. Et ce sont eux, hélas, qui ont les fusils.”

Elle finit par lui faire promettre de siffler sans cesse, le lendemain, pendant qu’il chercherait les champignons.

Malheureusement, le mistral soufflait fort ce jour-là, et le soir même il en eut les lèvres toutes gercées. Il faisait peine à voir et tout un tube de beurre de cacao y passa.

Quelques jours plus tard, Joséphine revint à la charge :

“Promets-moi au moins de chanter de temps en temps.”

Il promit, et chanta. Mais comme le temps s’était mis à l’humide, il contracta une extinction de voix carabinée qui le mit en rage, d’une rage d’autant plus frustrante qu’elle fut, par la force des choses, quasi silencieuse. Dès qu’il fut guéri il prévint Joséphine :

“Cesse de m’embêter, et laisse-moi chercher les champignons comme je l’entends.”

Mais la brave femme ne s’avoua pas vaincue : le jour même elle prit l’autobus, alla dans un supermarché des environs où elle acheta un petit poste à transistors et une provision de piles alcalines. Le lendemain, le père Pissacan fut bien obligé de se laisser passer autour du cou la petite merveille de technologie nipponne qui ne risquait pas d’avoir, il dut en convenir, la moindre influence néfaste sur ses lèvres ou ses cordes vocales.

Et le voilà parti, dans le jour qui se levait, avec son grand panier d’osier en bandoulière.

Il faisait un temps superbe. C’était en semaine et le nombre des chasseurs était relativement réduit : une douzaine à l’hectare ou guère plus.

Le père Pissacan décida qu’il axerait ses recherches sur les morilles d’automne car elles étaient particulièrement abondantes. Il venait justement d’en apercevoir un groupe au bord d’un sentier qu’il arpentait souvent. Il se mit à genoux et commença à les entasser dans le panier. Puis il en vit d’autres, un peu plus loin, et s’enfonça davantage dans les buissons. Au bout d’un moment, il se rendit compte qu’il s’était avancé profondément et comme il ne voyait plus de champignons, il décida de rebrousser chemin. C’est alors qu’il aperçut devant lui, à une vingtaine de mètres tout au plus, une tache de terre blanchâtre, dépourvue de végétation, qui attisa sa curiosité. Il décida d'aller voir ça de plus près. Gêné par son panier, il lui fallu plus d'un quart d'heure pour se faufiler à travers les broussailles et arriver sur les lieux. Là, il eut le souffle coupé.

C'était une truffière !

Le sol en était souple, comme un matelas de laine fraîchement cardé. La puissance destructrice du champignon avait déjà tué quelques cades et un nombre impressionnant d'argelas. Bien que se trouvant à seulement une centaine de mètres du sentier, il n'y avait aucun signe révélant qu'elle eût été "cavée", cette truffière. Il était donc bien le premier à la découvrir et cela le laissa pantois.

Il la contourna lentement, avec respect. Puis il coupa une branche de pin d'Alep qu'il apprêta soigneusement pour la recherche à la mouche. Le soleil était maintenant haut dans le ciel, et il pouvait distinguer, un peu partout, des groupes de mouches rabassières qui se disputaient les meilleures places, pour pondre.

Son transistor laissait entendre des torrents d'une musique assourdissante. Joséphine avait sélectionné une radio libre de la région, radio Konkonne, car c'était celle qu'on captait avec le maximum d'intensité. Elle diffusait pour l'heure une cantate de Jean-Sébastien Bach, revue et corrigée par les "Sex-Pistols". Le son était si tonitruant, qu'un lièvre et deux lapins décampèrent, le pelage hérissé et les yeux injectés de sang, prouvant qu'à défaut de bon sens, ils avaient au moins l'oreille musicale.

Mais le père Pissacan, lui, n'en était pas trop incommodé car, s'il n'était pas encore sourd comme un toupin, il commençait à en prendre sérieusement le chemin. Il était également si excité par la découverte de cette truffière encore vierge de toute intrusion que rien ne pouvait le distraire.

Enfin, il avait promis à Joséphine de ne couper le son sous aucun prétexte. Il commença à balayer le terrain de sa branche de pin et se mit à caver.

Il y avait des truffes partout, rondes, belles et divinement parfumées.

Peu à peu le panier finissait de se remplir et il dut même, à contrecœur, se résoudre à jeter les morilles d'automne pour faire de la place. Il devait y en avoir maintenant deux ou trois kilos et il croyait en avoir fini lorsque, sous une branche morte d'argelas, il distingua une voussure à la surface de la terre. La plupart des mouches dérangées s'étaient posées dessus. Il jeta la branche d'argelas au loin et gratta un peu la terre. Apparut alors la plus belle truffe qu'il eût récoltée de sa vie : elle devait peser plus d'un demi-kilo. Avec beaucoup de précaution, il finit de l'extraire, la prit dans sa main et, toujours à genoux, l'admira, le cœur battant. Qu'elle était belle, avec son écorce d'un noir rougeâtre qui avait éclaté par endroit, comme le font les "cantalous" lorsqu'ils sont au sommet de leur succulence ! Il la caressa amoureusement. Il en avait les larmes aux yeux et serait resté des heures à la contempler.

Soudain, le concert des "Sex-Pistols" cessa. Une autre émission suivit. Une voix chaude bien qu'un peu doctorale, annonça :

"Voici maintenant l'heure de notre rendez-vous hebdomadaire avec les petits amis de la nature. Dans notre série : "Connaissance des oiseaux de Provence", écoutons tout d'abord si vous le voulez bien, le doux chant de la grive siffleuse..."

En une fraction de seconde le père Pissacan comprit le danger.

Il lâcha aussitôt la truffe et dans un geste désespéré tenta de couper le son de son transistor. Il s'en fallut de peu qu'il n'y réussisse mais la truffe n'avait pas encore touché le sol qu'une déflagration formidable retentit, faite de l'explosion simultanée de dizaines, de centaines, de milliers de cartouches (on n'a jamais su exactement) : elle ébranla l'atmosphère comme un séisme sonore irrésistible. Un grondement titanesque de vibrations déferla sur la campagne comme un raz de marée, roula au fond des vallées, rebondit sur les falaises, se disloqua sur les piémonts pour finir, longtemps après et comme à regret, par mourir d'épuisement.

De Plan de Cuques à Peypin d'Aigues, de Carqueiranne à Barbentane, tous l'entendirent et en demeurèrent épouvantés. Les plus optimistes se dirent que la troisième guerre mondiale venait d'être déclarée, d'autres pensèrent que la planète entière était aspirée par un "trou noir" et il y en eut même, paraît-il, pour envisager qu'un deuxième "big bang" était en train de renouveler l'ordre de l'univers tout entier.

Lorsque le brigadier chef Eugène Santibelli, chargé de l'enquête, arriva ce soir-là, après son service, au bar du commerce, la salle était pleine. On allait enfin connaître tous les détails de l'horrible drame. Mais personne ne donna le moindre signe d'impatience, afin d'éviter que, se sentant trop désiré, Santibelli ne les fît attendre longtemps. Lui, de son côté, comprit parfaitement qu'ils étaient tous avides de l'entendre et il prit un malin plaisir à les faire languir un peu en parlant de banalités.

Partie comme elle l'était, la situation risquait de s'éterniser et quelques signes de nervosité commencèrent d'ailleurs à se manifester çà et là.

Quinze pastis plus tard, le brigadier chef se décida enfin à parler, au soulagement général. Avec force détails il raconta les circonstances de l'accident mais ne connut vraiment son heure de gloire qu'en décrivant le spectacle atroce découvert sur la truffière :

"Imaginez un gigantesque steak tartare qu'on aurait jeté d'un dixième étage et qui se serait écrasé sur le trottoir. Voilà en gros à quoi ressemblait la dépouille de ce pauvre Pissacan."

Il finit de siroter son dernier pastis et ajouta, avec un soupir de regret :

"Même les truffes étaient réduites en bouillie : ni moi-même ni mes hommes n'avons pu en récupérer une seule."

Et, il conclut finement avant de partir, en titubant un peu :

"On ne condamnera jamais assez l'influence pernicieuse de toutes ces radios libres sur nos masses paysannes pacifiques et laborieuses : c'est moi qui vous le dis !"

La truffe et le minitel.

On n'arrête pas le progrès. On peut avoir désormais des renseignements fort intéressants sur les marchés. Pour cela :

— Composez sur votre minitel le 36-17
— Composez le code SNM (Service des Nouvelles des Marchés)
— Composez le mot clé TRU.

Vous obtiendrez ainsi les prix des truffes moyennes, petites, grosses sur les principaux marchés de France (Sud-Est, Sud-Ouest) ainsi que les tonnages chaque semaine. Y sont également signalés les apports de truffes étrangères (Espagne et Italie).

Les prix concernent les truffes "brut de cueillette" et par lot, à ne pas confondre avec le prix de détail des truffes triées et brossées.

Tous ces renseignements ne sont accessibles que pendant la saison de production.

Liste des Syndicats de producteurs de truffes du Sud-Est :

Syndicat des producteurs de truffes des Alpes-de-Haute-Provence :
M. Segond, La Bonne Fontaine, 04300 Forcalquier, tél. 92.87.46.11

Syndicat des producteurs de truffes des Alpes-Maritimes :
M. Le Bon, La Bergerie, 06780 Saint-Cézaire-sur-Siagne,
tél. 93.60.22.20

Syndicat des producteurs de truffes des Bouches-du-Rhône :
M. R. Del Negro - Mas Henri, avenue des Musiciens
13100 Aix-en-Provence - Tél. 42.23.12.35

Syndicat des producteurs de truffes de la Drôme :
Syndicat général de la truffe noire du Tricastin :
M. A. Feraud, Maison de la truffe et du Tricastin,
26130 Saint-Paul-Trois-Châteaux, tél. 75.98.52.82

Syndicat des producteurs de truffes du Nord Drôme :
M. J. Ferlin, Le Buis-Marret, 26750 Parnans, tél. 75.45.30.88

Syndicat des producteurs de truffes du Val Drôme :
M. M-G. Cayol, rue de la Citadelle, 26150 Die, tél. 75.22.04.53

Syndicat des producteurs de truffes des Préalpes :
M. M.-J. Brechet, La Garenne, 26110 Piégon

(ces quatre syndicats sont regroupés au sein d'une Fédération Régionale Rhône-Alpes).

Syndicat des producteurs de truffes du Gard :
M. Raoul Brunel, Parignargues, 30730 Saint-Mamert-du-Gard,
tél. 66.81.12.01

Syndicat des producteurs de truffes du Var :
M. Julien Gillet, 83950 Saint-Julien-Le-Montagnet, tél. 94.80.02.55

Syndicat des producteurs de truffes du Vaucluse :
M. Espenon, Saint-Didier, 84210 Pernes-les-Fontaines,
tél. 90.66.01.39

LES MARCHÉS EN SAISON ET LES MANIFESTATIONS REMARQUABLES.

Alpes-de-Haute-Provence

Production en 1868 (d'après Chatin) trois cents tonnes, 1989 (Bio Markets Research, Bilan de la filière truffe en France, F.N.P.T.) quatre tonnes et demie.

Marché à Riez le samedi, à Forcalquier le lundi, achat par courtiers.

Tous les ans, le Syndicat des producteurs de truffes organise la *Fête de la Truffe*, avec concours de chiens truffiers, dans une commune différente. Pour tous renseignements, téléphoner au 92.87.46.11.

Pour la Saint-Antoine (calendrier traditionnel) à Montagnac "les truffes" messe et repas autour de la truffe. Saint Antoine est le patron des trufficulteurs car il possédait un cochon.

Alpes-Maritimes

Production en 1868 (Chatin) six tonnes. La production actuelle n'est pas connue. A ce que nous croyons, elle serait en très grande majorité réalisée sur des truffières sauvages (spontanées).

Bouches-du-Rhône

Production en 1868 (Chatin) vingt tonnes, 1989 (BMR) une tonne et demie. Les truffières naturelles contribuent pour quatre-vingt-dix pour cent de la production. Manifestation remarquable : rencontre autour de la truffe (avec marché), derniers samedi et dimanche avant Noël dans différentes communes du canton de Lambesc et à Rognes.
Pour tous renseignements, téléphoner à M. Jourdan, 42.50.21.83.

Drôme et enclave du Tricastin (Vaucluse)

Production en 1868 (Chatin) cent vingt tonnes, 1989 (mauvaise récolte) (BMR) quatre tonnes, mais en 1987 quinze tonnes.
Marchés : lundi à Chamaret et Grignan ; mardi à Saint-Paul-Trois-Châteaux et Vaison-la-Romaine, mercredi à Valréas ; jeudi à Montségur-sur-Lauzon et Nyons ; vendredi à Suze-la-Rousse ; samedi à Crest, Montélimar, Richerenches et Roman.

Il faut assister à la *Messe aux Truffes* de Richerenches, le dimanche suivant le 17 janvier (fête traditionnelle de saint Antoine, patron des trufficulteurs). A la quête, les fidèles donnent des truffes en guise d'offrande.

A la fin de l'office, elles sont pesées avant d'être vendues à un courtier. L'argent ainsi récolté est affecté à l'entretien de l'église. Visitez la Maison de la Truffe et du Tricastin à Saint-Paul-Trois-Châteaux.
Un dimanche du mois de février, la Maison de la Truffe organise l' "Opération Omelette aux Truffes", avec un verre de vin des Coteaux du Tricastin. Pour tous renseignements : téléphoner au 75.96.61.29.
A Solérieux, cross dans la nature appelé "La Foulée de la Truffe". Renseignements au 75.98.10.94.

Gard

Production en 1868 (Chatin) cinq tonnes, 1989 (mauvaise année) (BMR) deux tonnes. Mais en 1987 (BMR) onze tonnes. Probablement le seul département de France où la production augmente.
Marchés : samedi à Pont-Saint-Esprit, Uzès ; mercredi à Bagnols-sur-Cèze ; jeudi à Anduze.

Var

Production en 1868 (Chatin) quinze tonnes, 1989 (BMR) une tonne et demie.
Marché : Aups (important).

Vaucluse

Production en 1868 (Chatin) trois cent quatre-vingts tonnes, 1989 (mauvaise année) deux tonnes et demie, mais en 1987 (BMR) onze tonnes.
Marché : vendredi à Carpentras (très important) ; samedi à Apt (très réduit).
A voir : statue érigée à la mémoire de Joseph Talon, père incontesté de la trufficulture, à Saint-Saturnin-lès-Apt.

Carpentras

Malgré des débuts difficiles dus à un manque de financement, l'Université de la Truffe s'est mise en place et fonctionne au ralenti. De nombreuses interventions ont été effectuées par elle auprès des particuliers et organismes agricoles.

Le futur heureux papa, Paul Bonnet, aura bien mérité de la trufficulture et le "caganis" se portera comme un charme.

Il existe également des "safaris truffes" essentiellement dans les départements de Vaucluse et de la Drôme, pour plus de détails s'adresser aux Syndicats d'Initiative.

Nota Bene : Chatin estimait en 1892 la production française à deux mille tonnes. Certains jugent cette estimation très exagérée.

Les chiffres donnés par Biomarket Research s'estiment par rapport aux différents marchés officiels. Ceci appelle quelques remarques :

Certains départements (les Bouches-du-Rhône par exemple) n'ont pas de marché aux truffes, les rabassiers vont donc les vendre dans d'autres départements, dans le Vaucluse, à Carpentras par exemple, ce qui contribue à gonfler artificiellement la production de ces derniers.

Des quantités impossibles à évaluer mais probablement très importantes se vendent en dehors de tous circuits commerciaux officiels. En dehors de raisons fiscales évidentes et sur lesquelles nous n'insisterons pas, les braconniers, par exemple, qui ne possèdent pas un mètre carré de truffières et ne sont titulaires d'aucune adjudication, préfèrent la discrétion : *"Pour vivre heureux, vivons cachés"*...

Enfin, échappent à toutes statistiques les truffes autoconsommées ou offertes à des amis, des parents et à toutes personnes dont on brigue les bonnes grâces. Personnellement je pense que, les bonnes années, la production réelle en Provence est au moins le double, sinon davantage, de celle officiellement reconnue.

Mais paradoxalement, le chiffre des marchés peut être surévalué. Je m'explique : un petit malin achète le jeudi au marché d'Aups cinquante kilos de truffes à deux mille cinq cents francs le kilo qu'il espère revendre le vendredi deux mille huit cents francs le kilo sur le marché de Carpentras. Une spéculation périlleuse qui ressemble à celle pratiquée sur "les marchés à terme". Les cinquante kilos sont pris en compte deux fois. Ils auront faussé les statistiques à la hausse sur la production réelle du département du Vaucluse. Le même tableau pouvant se reproduire avec les apports de truffes provenant de l'étranger (Espagne - Italie).

En conclusion, on peut dire que les chiffres concernant la production de truffes en général et de rabasses en particulier sont une véritable foire d'empoigne où une chatte ne retrouverait pas ses petits... Ni un rabassier ses rabasses. Mais est-il vraiment nécessaire de vouloir connaître à tout prix la production réelle de truffes provençales? Aux technocrates tatillons, obsédés d'exactitude arithmétique, férus de courbes rigoureuses et épris de diagrammes précis, nous souhaitons par avance bien du plaisir !

Aix n'a point de marché de truffes, mais est abondamment pourvu par les quantités qui regorgent de Carpentras et d'Apt. Les muletiers ginasserviens, se rendant à Marseille, passent d'abord à Aix, et vendent déjà en cette ville, toutes les fois qu'ils y trouvent des amateurs d'assez fortes quantités. Aix se pourvoit encore à divers petits marchés environnants, tel que Cadenet, Pertuis, etc. On a à Aix les truffes de Rogne, village peu éloigné de cette ville ; la truffe en est fort belle et d'un terrain tout blanc. A Aix il y a de vieux rabastins, tous larrons, renards et sans conscience ; cette ville, par sa position géographique, est heureusement située pour y faire des envois au Nord. Elle est très commodément placée pour y établir un quartier-général, nécessaire aux explorations en grand de l'article.

Avignon est de même tout aussi bien placé qu'Aix : aussi les truffes y abondent-elles également, et de cette ville y fait-on aussi de grandes exportations.

De la truffe, traité complet de ce tubercule,
M. Moynier, 1836.

CHAPITRE IX

GASTRONOMIE
LA TRUFFE : UN MYTHE DÉVOYÉ ?

"Malheureusement, il faut savoir que plus la truffe cuit, plus son parfum diminue".

P.-J. et J. Pebeyre
Le grand livre de la truffe

"Un gastronome digne de ce nom ne consomme que des truffes fraîches, en hiver. La saison une fois achevée, il attend la suivante et s'abstient de truffes de conserve, même de première cuisson".

Paul Ramain
in *Mycogastronomie*, 1954

"L'ébullition, l'autoclave brouillent, quand ils ne les fondent pas, les délicates nuances gustatives et olfactives qui distinguent les deux meilleures truffes françaises..."

Pierre Julian
La Perle Noire du Comtat, 1974

"... Le charme gastronomique et sensuel de la truffe n'opère avec tout son pouvoir de séduction et ne déploie complètement son fastueux cortège de jouissance que lorsqu'elle pénètre le palais, vierge de toute préparation, simplement libérée de l'étreinte de la terre maternelle".

Pierre Julian
La Perle Noire du Comtat, 1974

Novembre 1990. La ville de Carpentras est secouée par ce que l'on va bientôt appeler "le scandale de la truffe". Survenant peu après "l'affaire du cimetière", où de nombreuses tombes israélites avaient été odieusement profanées, la nouvelle laisse les habitants de la sympathique cité vauclusienne totalement abasourdis. Leur sous-sol semble frappé sans raison de quelque malédiction mystérieuse et rien ne justifie un tel acharnement des puissances chtoniennes. Car cette fois encore l'affaire est d'importance. La presse le révèle : pas moins de huit entreprises de conserverie sont impliquées dans un trafic de fraude : des truffes *T. Melanosporum* immatures sont colorées avec du cassel, colorant pourtant interdit en France, mais cela n'est finalement qu'un péché véniel. Il y a plus grave encore : on a vendu sous l'appellation truffe du Périgord des *T. Aestivum*, des *T. Uncinatum* et même des Terfez. Un journaliste ignare va jusqu'à déclarer que certains ont utilisé des truffes blanches du Piémont pour tromper le consommateur, ce qui est une absurdité car cette dernière est de trois à cinq fois plus chère et bien plus rare. "Parmi les nombreuses fraudes relevées, la vente de quatre cent trente-cinq francs de brisures de truffes blanches colorées sous l'appellation "truffes noires" était la plus flagrante. Lors d'un contrôle dans l'entreprise (Société Glamouse Conserves, Saint-Jean-de-Fos, Hérault), les enquêteurs de la DGCCRF avaient également saisi dix kilos d'extrait de cassel, cinquante-cinq kilos de noir de charbon, dix kilos de sulfate de fer et douze litres d'ammoniaque. De quoi faire un étrange cocktail." Jean-Paul Geai, in *Que Choisir* n° 278, revue que nous saluons au passage pour ses nécessaires et sains efforts dans la dénonciation des magouilles en tout genre.

Horreur ! des conserveurs du cru et parmi les plus éminents sont eux aussi impliqués !

"Quatre autres dossiers, concernant notamment les établissements Vian, Plantin et Jacquet sont en cours d'instruction dans le Vaucluse" (*Ibidem*).

On apprenait avec consternation que ces tromperies duraient depuis longtemps, depuis toujours d'ailleurs ; car déjà en 1836, Moynier (*De la Truffe* : traité complet de ce tubercule) déplorait que l'on fît passer des truffes d'été pour des truffes noires dans les conserves. On découvrait enfin que la fraude portait sur des quantités stupéfiantes de l'ordre de plusieurs tonnes ; certains ont même laissé entendre plus d'une dizaine de tonnes !

Arrivé à ce stade, le lecteur ne peut manquer de se poser la question suivante : "Ainsi, pendant des années, les consommateurs auraient donc acheté fort cher (deux à trois fois plus cher en moyenne que les truffes fraîches), auraient mangé, sans réagir, auraient fait déguster à leurs amis des tonnes de succédanés honteux et des ersatz grossiers de truffe *T. Melanosporum*, et personne ne se serait rendu compte de rien?" Car pour autant que nous le sachions, ce ne sont pas les consommateurs qui ont porté plainte.

Eh bien non ! personne ne s'est rendu compte de rien. Pour la bonne raison que les truffes en conserve perdent tout parfum et toute saveur dès lors qu'on leur inflige le traitement en usage dans la plupart des conserveries d'Europe : françaises, espagnoles ou italiennes.

Les truffes sont triées et brossées dès l'arrivée. On peut déjà noter une indulgence coupable et un manque de discernement scandaleux de la part de la législation française qui considère l'infecte truffe musquée (*T. Brumale*) comme une truffe noble(1), mais moins chère ; ce serait même une incitation à en rajouter dans les lots de rabasses qui en sont dépourvus. Il faut peut-être chercher la cause de cette confusion volontaire dans la similitude qui existe entre les spores des deux truffes. En cas de fraude, les contrôles s'en trouvent simplifiés. On note également dans différents documents officiels la présence de l'énigmatique *T. Cibarium*. Cette truffe, parfaitement inconnue des plus éminents taxonomistes, n'est pas plus mentionnée par Chatin que par Malençon dans *Les Truffes Européennes* de 1938. Il faut remonter beaucoup plus loin dans le temps pour la voir apparaître dans les textes, où elle désigne aussi bien *T. Melanosporum*(2) que *T. Aestivum*(3). C'est ainsi qu'on pourra rencontrer dans la législation *T. Cibarium* autorisée sous l'appellation truffe.

Pour en terminer avec les incohérences incroyables qui parsèment les textes officiels, signalons encore cette perle que Courteline lui-même n'aurait jamais osé imaginer : on peut lire ainsi dans l'extrait du code de la charcuterie, de la salaison et des conserves de viande ce texte délicieux et précisé par de nombreuses lettres du Service de la Répression des Fraudes (30 juin 1956, 6 avril 1959, 30 mai 1959, 14 mars 1974 notamment) :

(1) Les truffes destinées à la transformation industrielle et à être présentées sous l'appellation de truffes, ou truffes du Périgord, doivent appartenir au genre *Tuber*, variété *Melanosporum* (ou *Cibarium*) et Brumale. (*J.O.* du 13.10.1973, titre I, article 1).
(2) Sibth, 1794, Pers., 1801.
(3) Sowerby, 1801 ; Corda, 1842.

La mention *truffé* impose :

"... l'utilisation exclusive de truffes des genres *Tuber Melanosporum*, variétés Vitt et Moschatum et *Tuber Brumale*, à l'exclusion des variétés *Cibarium, Aestivum* (truffe blanche de la Saint-Jean), *Magnatum* (truffe blanche du Piémont)..."

On a bien lu : il est formellement interdit de faire passer des truffes du Piémont pour des rabasses !

Des fois qu'un couillon aille acheter en Italie des *T. Magnatum* à quinze mille francs le kilo pour les revendre en France trois mille, le voilà prévenu ! Non content de réaliser une bien mauvaise affaire, il risque d'écoper une amende sévère.

Mais revenons à nos lots de truffes arrivés à la conserverie. On pratique d'abord une première stérilisation à 112° pendant deux ou trois heures en bidons sertis. Cette première ébullition a pour effet de faire perdre aux champignons quatre-vingt-dix pour cent de leurs qualités organoleptiques (les sévices suivants se chargeront des dix pour cent qui restent !). La truffe stérilisée perd du poids et le conserveur ne sait jamais exactement selon quel pourcentage (près de vingt-cinq pour cent d'après Peybeire). Comme la législation impose la vente au poids net, si le conserveur prend l'hypothèse basse d'une perte de vingt-cinq pour cent et que la truffe en ait perdu davantage, il est passible de lourdes sanctions car le poids inscrit sur l'étiquette sera inférieur au poids réel. A l'inverse, s'il parie sur une perte de poids plus importante, c'est-à-dire supérieure à vingt-cinq pour cent, il risque de perdre de l'argent. Les truffes ne perdant du poids que lors de la première ébullition, on ouvre donc les bidons et on les pèse. Au passage, on subtilise le jus de truffe qui sera vendu à part et fort cher. On peut à présent mettre les truffes en boîtes ou en bocaux et on procède à une deuxième stérilisation car l'ouverture des bidons a permis la contamination par les germes omniprésents dans l'air. Celle-ci terminée, la truffe est prête pour la vente, son poids définitif est inscrit sur l'étiquette.

Mais elle est rarement consommée en l'état. Que ce soit le charcutier qui l'utilise pour ennoblir un boudin blanc par trop roturier[1] ou la maîtresse de maison bien intentionnée qui espère valoriser sa volaille

(1) La mention truffée exige un pourcentage d'au moins 3%. En deça, il est nécessaire de préciser le pourcentage réel. Au-dessous de 1% il devient même interdit d'utiliser la mention truffée. Mais on peut voir dans certaines charcuteries des boudins blancs vendus truffés à 0,5%. (Extrait du *Code de la Charcuterie, de la Salaison et des Conserves de viandes*, titre 1 - 121.)

en poularde demi-deuil, le malheureux hypogé va se voir infliger une troisième cuisson !

Alors, la truffe, dont le parfum incomparable n'avait pour but unique que la perpétuation de l'espèce, prend la chose très mal.

Sa fonction génésique bafouée à ce point, elle se vexe...

Et se venge ! Ses spores ne germeront plus, d'accord, mais elle ne régalera pas désormais l'infâme responsable. Elle et toutes ses sœurs de moins noble origine vont se fondre en une lamentable et insipide uniformité (1). Elles vont toutes se transformer en une matière spongieuse, caoutchouteuse et noirâtre, inodore et sans saveur, dont le seul attrait ne saura être désormais que d'ordre décoratif. A plus de dix mille francs le kilo en bout de chaîne, c'est-à-dire dans l'assiette du consommateur, ça fait un peu cher pour le coup d'œil !

Il ne s'agit plus là d'une simple pratique condamnable mais, et je pèse mes mots, d'un authentique meurtre gastronomique!

Le plus fort, c'est que nul ne l'ignore dans les milieux trufficoles.

Mais le sujet est tabou, car cette façon de procéder arrange tout le monde : les rabassiers qui peuvent ainsi fourguer *T. Brumale*, truffes gelées et brisures dont personne ne voudrait, les courtiers qui peuvent acheter moins cher des truffes de qualité inférieure et les conserveurs qui peuvent prendre leur temps pour écouler un produit se détériorant rapidement à l'état frais. Que ce soit une trahison gigantesque sur le plan gastronomique ne gêne apparemment personne et surtout pas les pouvoirs publics : qu'il y ait en effet des spores échinulées caractéristiques de *Tuber Melanosporum* (ou de *T. Brumale* !) dans un pâté truffé suffit à l'absoudre. Si le parfum et le goût de la truffe en sont absents à l'évidence, ce n'est pas là leur problème. Et de ces fameuses spores, seules garantes d'authenticité, ces passeports obligés pour paraître sur les plus prestigieuses tables, on va les chercher dans les plus honteuses musettes, dans les plus sordides paniers ; c'est ainsi que sur les marchés se vendent en catimini les truffes dites "molles et suintantes" à l'aspect repoussant. Il faut visiter certaines conserveries pour voir ces ouvrières en blouse blanche trier à la loupe binoculaire ce que l'on appelle pudiquement les "brisures de truffes" dont les miasmes pestilentiels soulèvent le cœur des plus solides. Et dire que toutes ces horreurs, par la magie diabolique de quelques manipulations jalousement gardées secrètes, se pareront peu après, et en toute légalité, du titre glorieux de "Diamant Noir de la Cuisine Française".

(1) La perte des propriétés olfactives et gustatives de *T. Brumale* serait peut-être le seul point positif de ce barbare lessivage.

Mais, Dieu merci, les choses semblent changer. Il n'est pour s'en convaincre que de voir le succès, ô combien mérité, remporté par cet homme admirable qu'est Jean-Pierre Coffe. Désormais le Français veut retrouver le vrai goût des choses. C'en est fini des séquelles interminables de l'influence pernicieuse de la prétentieuse cuisine bourgeoise du XIXe siècle. On a voulu nous faire prendre pour du raffinement ce qui n'était en fait que de la dépravation. L'image de marque ne suffit plus : mieux vaut se régaler avec une savoureuse pomme de terre bouillie assaisonnée d'un filet d'excellente huile d'olive plutôt que d'être déçu par une truffe malmenée.

Des truffes, on en veut, bien sûr, mais on les exigera fraîches et de bonne qualité. Si je m'écoutais, je conseillerais même au rabassier, consciencieux et fier de son métier, d'indiquer par écrit la date exacte de récolte. On voudra pouvoir palper, humer largement leur parfum, s'en pénétrer et les déguster ensuite d'une manière qui, loin d'en dénaturer la saveur, permettra au contraire d'en exalter toutes les finesses et toutes les subtilités. La truffe, utilisée comme faire-valoir, est condamnée. La perfection se suffit amplement à elle-même.

Lorsque des milliers de consommateurs apprennent par voie de presse qu'à défaut de leur faire savourer des truffes on leur a fait avaler des couleuvres, il est temps de dire : "ça suffit !" Lorsque seul l'examen microscopique des spores permet de trancher sur la vraie nature de ce que contient un bocal étiqueté "truffe", lorsqu'on achète un produit parce que c'est cher et sans se soucier si c'est bon, alors, là, ce n'est plus uniquement le sens du goût qui devient défaillant, c'est le bon sens tout court. Cela porte un nom et ce nom est "snobisme".

Car voilà bien où réside le danger des truffes en conserve : beaucoup de personnes les achètent parce qu'elles sont chères et qu'elles portent un nom prestigieux. Beaucoup également, qui se prennent pour des gastronomes avertis, n'en ont jamais mangé d'autres.

C'est un devoir sacré que de remédier à cet état de choses.

L'entreprise en vaut la peine, croyez-moi !

Rien ne vaut le plaisir d'observer un nouveau converti : le ravissement qui le saisit quand, après des années d'obscurantisme, il sent pour la première fois une truffe fraîchement récoltée a quelque chose de pathétique. Il faut l'entendre vouer aux gémonies tous les conserveurs de la terre qui lui ont fait perdre tant de temps et tant d'argent : "J'ai donc payé plus cher ce qui était moins bon et même pas bon du tout?" se lamente-t-il. C'est avec une avidité d'apprendre touchante, un esprit libéré de tout préjugé et une humilité de bon aloi devant les charmes infinis de la truffe qu'il va maintenant devoir entreprendre son initiation : il va constater d'abord avec surprise que la truffe sortie de terre ne sent rien pendant l'heure qui suit. Puis, avec un émerveillement d'enfant, il va se laisser griser par le flot enivrant des effluves odorants qui déferlent dans l'air au repos d'une pièce close. Peu à peu il assimilera toutes les subtilités et les nuances qui président à la découverte du parfum de la truffe. Il constatera, surpris, que celui-ci varie de jour en jour, parfois d'heure en heure. Il reconnaîtra bientôt et les yeux fermés "l'odeur de vieux", prémices d'une dégradation prochaine, de la truffe récoltée depuis plus de dix jours.

L'année suivante, il se pénétrera de l'odeur de terre froide des truffes d'octobre. Il suivra, au fil des semaines, la lente progression chromatique vers le noir le plus pur de la gleba. Il appréciera les fragrances exquises des premières truffes matures lorsque viendra Noël. Il conviendra volontiers, et sans qu'on l'y force, que les plus délectables se récoltent entre la mi-janvier et la mi-février et gageons qu'il ne dégustera pas sans un peu de mélancolie les dernières truffes de printemps, si capricieuses, si imprévisibles et parfois si divinement surprenantes. Mais bientôt le nouvel impétrant voudra élargir encore le champ de ses connaissances. Il sera prêt à tous les sacrifices pour qu'un rabassier lui permette de l'accompagner dans la recherche des *T. Aestivum* dont il caressera longuement le péridium rugueux, humera l'odeur particulière de terre chaude et il se risquera même probablement à en apprêter quelques-unes en se laissant guider par son instinct. Quand viendra l'automne, il n'aura de cesse d'effectuer un voyage dans quelques régions productrices de *T. Uncinatum* dont il découvrira patiemment les charmes et les attraits.

Son tour de France achevé, cet homme éprouvera un jour le besoin irrésistible d'aller passer quelque temps en Italie du Nord afin de voir, de sentir et de goûter, en une manière de pèlerinage, la légendaire truffe blanche du Piémont.

Cet homme-là est, à présent, un vrai connaisseur. Il est plus heureux, même s'il n'en a pas encore totalement pris conscience. Il sera un jour rabassier et deviendra peut-être même trufficulteur.

Mais il est définitivement perdu pour la truffe en conserve. Je suis prêt à parier là-dessus ma dernière chemise !

J'ai pris pour modèle théorique de ce cheminement initiatique un individu qu'on supposera doté d'une acuité olfactive moyenne. On rencontre parfois certaines personnes qui sont capables de prouesses exceptionnelles. Ainsi d'un certain père Glaize qui détectait les truffes debout sur le "brûlé" et à plusieurs mètres de distance. J.-L. Benard, cet homme du Nord qui a appris si vite les choses de chez nous, m'a aussi stupéfié : un jour que je lui vendais deux ou trois kilos de truffes pour mycorhizer des plants, il parvint à déceler la présence d'une petite *T. Uncinatum* avant même d'ouvrir la biasse. Je n'en suis pas encore revenu !

A l'inverse, certains paraissent avoir des facultés amoindries. Un rabassier de mes amis, qui cavait depuis des années au pied d'un chêne dans le jardin de sa sœur, s'aperçut un jour que l'arbre se mettait à produire des musquées (*T. Brumale*). Il décida de ne rien lui dire pour ne pas lui faire de la peine. Depuis, la dame est passée, sans s'en rendre compte, de la brouillade de *T. Melanosporum* à la brouillade de *T. Brumale*, qu'elle déguste toujours avec le même plaisir.

Reiser.

Plus incroyable encore: un trufficulteur bourguignon que je connaissais était de passage dans le Midi pour raisons familiales. Il avait apporté cinq kilos de *T. Uncinatum* qu'il avait cavés la veille avant de partir pour "faire une expérience". Avec un culot inouï, et malgré tous mes efforts pour l'en dissuader, le voilà qui se présente le vendredi matin sur un grand marché de Provence. Le premier courtier qu'il a rencontré les lui a achetés sans hésitation.

C'est assez inquiétant, quand même, de la part d'un courtier ! A supposer qu'il fût enrhumé ce jour-là, l'aspect caractéristique du péridium aurait pourtant dû lui mettre la puce à l'oreille.

Avec de tels exemples, force est de supposer ceci : de même qu'il existe des gens qui n'ont pas l'oreille musicale, il pourrait bien en exister aussi qui n'aient pas la narine rabassière.

Le moment est venu de dire quelques mots de l'arôme artificiel de truffe. Je serai indulgent. D'abord, le produit est relativement bon marché, et en tout cas son prix sans commune mesure avec celui des truffes stérilisées. La maison qui le commercialise annonce d'ailleurs franchement la couleur : "c'est un arôme artificiel" et, en plus, il a une odeur, lui. Oh ! ce n'est pas le délicieux parfum de la truffe fraîche de bonne qualité, bien sûr, mais c'est quelque chose qui s'en approche un peu. Par contre, le produit est extrêmement labile sur le plan olfactif et ne présente absolument pas cette puissance, cette diversité de nuances, cette rémanence extraordinaire qui caractérisent le parfum de la truffe.

On peut également craindre que les restaurateurs ne l'utilisent pour redonner quelques attraits odorants aux tristes truffes en conserve. Nous serions alors en présence d'une nouvelle absurdité dont notre monde moderne semble décidément friand : après avoir détruit à grands frais le parfum sublime du champignon, on rattrape le coup à grand renfort d'adjuvants chimiques.

On prête souvent à la truffe des vertus aphrodisiaques. Qu'en est-il exactement ? Imaginons un maître d'hôtel un peu roublard en train de prendre la commande d'un couple illégitime sur le point de passer, à l'évidence, un après-midi coquin dans un discret nid d'amour. Quelle belle occasion pour forcer un peu sur l'addition : *"Monsieur devrait essayer notre brouillade de truffes"*, propose-t-il d'un air entendu ; et Monsieur, qui n'a, pour l'heure, que d'yeux pour sa belle, veut bien essayer : ce n'est vraiment pas le moment de se montrer pingre. Selon le même principe, il lui sera conseillé également du caviar, du homard, du champagne, bien sûr, et d'autres spécialités gastronomiques hors de prix, alors qu'un couscous (pour peu qu'on force un peu sur la harissa), un curry bien épicé, un plat antillais chargé en gingembre ou en noix de muscade possèdent des propriétés vaso-dilatatrices autrement moins contestables.

Comme beaucoup, j'ai aussi pensé que la truffe n'avait de vertus aphrodisiaques que celles dues à l'autosuggestion. Un effet placebo particulier en quelque sorte. Et d'ailleurs, je n'ai jamais entendu des représentants du sexe masculin qui pratiquent la truffe par gourmandise prétendre avoir ressenti la moindre excitation autre que celle affectant leurs papilles gustatives. Jusqu'au jour où, il y a de cela bien longtemps, j'ai emmené caver avec moi une jeune et jolie demoiselle. Comme je lui laissais récolter la première truffe, le parfum de cette dernière déclencha chez elle des réactions physiologiques d'une intensité telle qu'elle en resta stupéfaite et toute pantelante... mais je vous raconterai tout cela en détail une autre fois !

Si notre odorat est capable de reconnaître quatre mille nuances odorantes différentes, notre goût, lui, est beaucoup plus limité. Nous ne sommes capables de distinguer que quatre sensations gustatives : le salé, le sucré, l'amer et l'acide. C'est dire que lorsque l'on vante le goût d'un bon vin, par exemple, on parle en réalité de son arôme ou mieux de son bouquet. Il en est de même pour la truffe : son goût est vaguement sucré, avec peut-être quelque amertume au niveau du péridium. Par contre, son parfum est d'une infinie richesse et je crois en avoir dit quelques mots.

Mais il ne serait pas moral, avec la truffe, avec toutes les truffes, de se limiter aux plaisirs olfactifs. On doit s'imposer de les manger. D'abord parce que c'est ce qu'elles veulent et que c'est pour cela qu'elles sentent si bon. Ensuite, il faut le reconnaître, parce que les truffes ne sont pas mauvaises du tout, à condition de les consommer fraîches bien entendu.

Depuis cinquante ans, je mange des truffes pratiquement tous les hivers. Neuf fois sur dix, comme beaucoup d'amateurs en Provence, je les consomme en brouillade et je crois pouvoir affirmer n'avoir jamais rencontré deux brouillades absolument identiques. Je me propose donc de vous livrer ici, très modestement, la recette de brouillade qu'on pratique à la maison. Peu de lecteurs pourront d'emblée la réaliser à moins de devenir eux-mêmes un jour rabassiers et, ce qui est souhaitable, trufficulteurs. Autant l'avouer tout de suite : le but réel de cet ouvrage aura été de susciter ce type de vocation.

Mais rassurez-vous, toutes les brouillades de truffes sont bonnes, à condition d'utiliser des truffes fraîches, et elles sont de plus très faciles à réaliser.

Choisir, autant que faire se peut, des truffes provenant de régions, de terrains et d'arbres différents. Ainsi, deux ou trois truffes des éboulis du Ventoux poussant sous un chêne vert (pour leur puissance odoriférante), une ou deux récoltées dans de l'argile rouge au pied d'un chêne pubescent pour étoffer l'ensemble et une truffe cavée au pied d'un pin d'Alep, qui apportera un brin de fantaisie. Une soupe de poisson confectionnée avec des girelles seulement est moins délectable que celle réalisée avec une plus grande variété. Il en est de même pour la brouillade de truffes idéale : les différentes fragrances se complètent, s'unissent en un mélange harmonieux et équilibré, s'enrichissent réciproquement, se potentialisent même pour donner le meilleur d'elles-mêmes. Sitôt récoltées, les truffes seront brossées sous un filet d'eau froide et séchées. On les disposera alors dans un bocal de verre fermé hermétiquement avec des œufs de ferme pondus par des poules nourries exclusivement au grain, ayant la possibilité de s'ébattre librement en terrain découvert, de picorer çà et là et se faire un shampoing sec dans la poussière de temps en temps pour se débarrasser de leurs "pépidons". Des œufs de poules heureuses, quoi ! Les œufs que l'on trouve actuellement dans les grandes surfaces sont généralement pondus par des poules malheureuses, stressées au-delà de toute expression par leur triste condition carcérale : ils ne conviennent absolument pas.

Le bocal sera placé dans le bac à légumes du réfrigérateur pendant deux ou trois jours. Il devra impérativement être aéré quotidiennement, l'intérieur du bocal et les œufs soigneusement séchés avec un kleenex car les truffes laissent exsuder une certaine humidité. Attention à l'ouverture du bocal : le parfum ainsi concentré est si violent qu'il peut être parfois ressenti comme désagréable, voire douloureux. Si c'est le cas, pratiquer l'opération fenêtre ouverte. C'est l'occasion de faire une expérience intéressante et hautement recommandée aux néophytes : pour cela, prélever dès le lendemain un œuf ou deux et les consommer, sans truffe, à la coque ou sur le plat (jamais durs, c'est immangeable). Le parfum de la truffe a traversé la coquille de l'œuf, qui est perméable comme chacun sait. Ces œufs sans truffe en ont l'odeur et le goût. Je conseille de goûter ensuite un pâté truffé en boîte du commerce. Je n'en dis pas davantage, Messieurs les lecteurs apprécieront la différence.

Le jour de la brouillade, on sortira le bocal du réfrigérateur quelques heures plus tôt afin d'obtenir un réchauffement doux.

Peler les truffes et piler le péridium dans un mortier : voilà pour la couleur. Débiter la plus régulière des truffes en tranches assez fines avec un rabot à truffes que l'on trouve dans toutes les quincailleries italiennes sous le nom de *mandoline* ; voilà pour le craquant.

Râper les carpophores restants assez grossièrement ; voilà pour le corps lui-même de la brouillade. Je n'aime pas la brouillade au bain-marie qui ne donne pas une vraie brouillade, mais, nuance, des œufs brouillés.

On mélangera maintenant, rapidement, les truffes ainsi préparées avec les œufs très succinctement battus.

Jeter le tout dans une poêle où attend un peu d'huile déjà bien chaude. Certains prétendent que la truffe doit éviter à tout prix d'être cuisinée à l'huile d'olive. Personnellement, j'adore l'huile d'olive et je peux affirmer à ceux qui partagent cette passion qu'ils ne regretteront pas de réaliser ainsi leur brouillade.

Par contre, ne jamais faire une brouillade de truffes à l'huile d'olive à Périgueux, Sarlat ou à Lalbenque. C'est très choquant. Dans le Sud-Ouest, il vaut mieux utiliser la graisse d'oie qui est un corps gras d'une grande finesse et rend les brouillades sublimes.

Le goût de la truffe étant douceâtre et même sucré, saler et poivrer un peu plus que de coutume. Utiliser du sel de Guérande, bien entendu, et du poivre *Charasse nature*.

Lorsque c'est possible, et ça l'est malheureusement de moins en moins, on évitera d'officier dans une de ces cuisines aseptisées, au formica rendu éblouissant grâce à l'action de l'Ajax ammoniaqué, éclairée a giorno par des tubes de néon et qui évoquent davantage les milieux hospitaliers que les temples du “bien-manger”.

Je ne parle pas du four à micro-ondes de peur de faire grimper ma tension artérielle.

On préférera, et de loin, un feu de chêne (pubescent ou vert : je dois avouer n'avoir jamais constaté de différence très significative) flambant clair dans une cheminée qui a vécu. Si elle fume un peu, par vent d'est, ne pas en faire une maladie et considérer cela comme un charme organoleptique de plus.

Touiller sans s'arrêter avec une palette de bois jusqu'à ce que les œufs commencent à prendre. La brouillade doit-être un peu baveuse, mais si on la préfère plus cuite, pourquoi se gêner ? On se régalera quand même.

Servir chaud et manger avec un bon pain de campagne, à condition d'en trouver. On peut accompagner avec une salade frisée bien blanche légèrement aillée et boire le vin rouge que l'on aime. La truffe, qui se caractérise par une douceur quasi féminine, se marie bien avec un rouge un peu viril, selon le principe éprouvé qui veut que l'on serve, par exemple, du Sauternes avec le Roquefort. Personnellement, je pratique volontiers, au nord de la région, le Châteauneuf-du-Pape, le Cairanne, le Vacqueyras, le Rasteau ou le Ventoux de Fondrèche. Lorsqu'on se rapproche de la Méditerranée (Var, Bouches-du-Rhône) ce ne sont pas les vins rouges de qualité qui manquent. Pour ma part, j'ai frôlé de près l'extase absolue, ou quelque chose qui y ressemble, en accompagnant une brouillade de rabasses avec un vin du Domaine du Deffens, à Saint-Maximin : le bien-nommé "Clos de la Truffière"! En Quercy-Périgord, les vins de Cahors sont admirables. C'est une opinion que je me défends d'imposer, mais je ne ressens une véritable harmonie gustative qu'en évitant, là encore, de séparer la truffe de son contexte sensoriel régional.

Les premières brouillades ne sont jamais pleinement appréciées. Je suis même persuadé qu'on ne pénétrera pas toutes leurs subtilités ni toutes leurs finesses lors du premier hiver. Par contre, la saison suivante, un flot de souvenirs olfactifs et gustatifs assaillera la mémoire du gourmet, avec une précision et une netteté extraordinaires sitôt que le parfum de la truffe se manifestera à nouveau. Mieux que la "madeleine" de Proust, la rabasse de Provence saura se rappeler à votre bon souvenir. L'amateur, désormais éclairé, dégustera alors ce mets simple et royal avec la même ferveur discrète que le personnage de Pierre Magnan dans le *Commissaire dans la truffière* : *Il ne vendait jamais les premières de sa récolte. Malgré les cris de Francine, il les enfermait trois jours dans un bocal hermétique, en compagnie de six œufs pris au nid. Les truffes exsudaient leur odeur à travers les pores de la coquille, pour en imprégner l'albumine et le jaune des œufs. Un échange subtil s'opérait de l'un à l'autre, jusqu'à se confondre en une nature nouvelle et fraîchement créée. C'était une fête d'odeur et de saveur, lorsque l'omelette baveuse apparaissait sur la table, un soir de grand vent, pendant que la cuisinière vous chauffait le dos avec son bruit de bouilloire.*

La Provence est, on l'a vu, responsable à plus de quatre-vingts pour cent de la production nationale de truffes.

Elle est aussi une pépinière de grands chefs plus prestigieux les uns que les autres. Quoi de plus naturel que de leur demander de nous révéler ici les secrets, bien particuliers, de cet art si délicat d'accommoder le "divin tubercule". Chez eux la truffe ne sert pas de faire-valoir et sa personnalité est toujours respectée, voire sublimée. Applaudissons, car la chose se fait rare.

Le lecteur pourra certes essayer leurs recettes tout à loisir dans sa cuisine, mais nous ne saurons trop lui conseiller d'aller d'abord s'en régaler sur place. Amoureusement mitonnées par ces maîtres, les truffes ne décevront sûrement pas. Il fera bien de choisir, pour ces repas gourmands, la saison hivernale, seule garante de truffes fraîches. Hors saison et en cas de caprice, il sera assuré de se régaler quand même avec des truffes congelées. La congélation représente, actuellement, le seul moyen de conserver les truffes avec un minimum de dommage pour leurs qualités organoleptiques. Nous adressons enfin une mention spéciale à notre ami Clément Bruno qu'il faut bien appeler un "fou des truffes". Chez lui, on pourra même déguster la légendaire *Tuber Magnatum*, ce qui est exceptionnel en France et toutes les autres truffes qu'il apprête avec un talent particulier. Le personnage, haut en couleur, se flatte d'ailleurs, factures à l'appui, d'acheter annuellement plus de six cents kilos de truffes, toutes origines confondues.

Bon appétit à tous.

En guise de conclusion, il me faut admettre qu'on peut vivre sans truffes.

On peut aussi vivre sans chien : en Islande, par exemple, où il est interdit de posséder un chien sous peine d'amendes sévères et dissuasives.

On peut même vivre sans musique : l'ayatollah Khomeiny avait interdit la musique lors de sa prise de pouvoir. A notre connaissance, personne n'est mort, en tout cas pas de cette interdiction.

On peut enfin vivre sans amour. Et les gens qui vivent ainsi ne sont pas, loin s'en faut, les moins prospères et les moins riches. Mais un jour, à force de vivre en étant privé de toutes ces menues choses qui sont l'essence même de la vie, vivre devient survivre.

BERLINGOTS
DE
CARPENTRAS
TRUFFES
&
Fruits Confits
ROL & LAMBERTIN
A CARPENTRAS, (Vaucluse)
LITH. PROVENÇALE QUAI DU CANAL 7
MARSEILLE

Château Vignelaure

Déjeuner du lundi 9 mars 1992
donné à l'occasion du lancement du millésime 1988.

Pain Grillé aux Truffes
&
La Petite Salade
(Bruno)

Ravioles de Truffes au Foie Gras
(Bruno)

Soupe de Truffes V.G.E.
(Roger Jaloux)

Poisson aux Châtaignes et aux Truffes
(Laurent Tarridec)

Le Brie de Maître Ceneri

Feuilletés croquants au Fromage Blanc à la Truffe
(Laurent Tarridec)
avec
Glace à la Truffe
(Bruno)

Choux farci à la *tuber magnatum* dite *Tartuffo bianco d'Alba*

(4 personnes)

4 *tuber magnatum* fraîches de 30 g chacune,
100 g de poitrine de veau, 100 g de poitrine de porc,
1 verre de porto, 1/2 verre de cognac,
4 grandes feuilles de choux vert frisé.

Mélanger la poitrine de veau et de porc.

Ajouter le porto et le cognac.

Saler et poivrer, faire une boule ronde.

Mettre la truffe d'Alba au milieu et refermer avec la feuille de choux.

Braiser au four dans un fond de veau, 200°, pendant quarante-cinq minutes, en prenant bien soin d'arroser la truffe pendant la durée du temps de cuisson.

Servir à l'assiette, accompagné du jus de cuisson légèrement lié.

Clément Bruno,
Campagne Mariette- Lorgues

Coquilles Saint-Jacques à la truffe fraîche d'Alba

(4 personnes)

1 petite *tuber magnatum*
500 g de coquilles Saint-Jacques fraîches.

Mettre les coquilles Saint-Jacques au four-gril trois minutes.

Dresser sur assiettes.

Râper un peu de truffes d'Alba.

Ajouter un filet d'huile d'olive et une pincée de sel de Guérande.

Servir.

Clément Bruno,
Campagne Mariette- Lorgues

La soupe de *tuber aestivum* aux châtaignes

(4 personnes)

4 *tuber aestivum* fraîches de 50 g,
1 queue de bœuf, 250 g de châtaignes, 1 carotte,
1 bout de céleri branche, sel et poivre.

Faire un bouillon avec la queue de bœuf.

Cuire les châtaignes à l'eau, les éplucher.

Tailler en petits dés très fins la carotte et le céleri et les faire sauter au beurre 5 minutes environ.

Prendre une soupière, y mettre les quatre truffes, les châtaignes épluchées en morceaux, la carotte et le céleri, et recouvrir du bouillon de queue de bœuf bien corsé.

Ajouter quelques morceaux de foie gras cru.

Saler et poivrer.

Recouvrir la soupière d'une pâte feuilletée qu'on aura au préalable badigeonnée de jaune d'œuf avec un pinceau.

Mettre au four.

Lorsque la pâte est levée, c'est prêt.

Clément Bruno,
Campagne Mariette - Lorgues

La légendaire brouillade de rabasses (Clément Bruno).

La salade de truffes de “la Fuste”.

Escalope de foie gras poêlée sur mousseline de chou-fleur aux truffes fraîches

(pour 1 personne)

10 g de truffes, 1/4 de litre de lait, 150 g de foie gras cru en escalope,
100 g de chou-fleur, 25 à 50 g de pomme de terre,
1 cuillère à café de beurre, 1 cuillère à café de crème fraîche double.

Faire cuire le chou-fleur avec les pommes de terre dans le lait, faire une purée traditionnelle, incorporer le beurre, la crème fraîche et 5 g de truffes râpées, mettre au chaud.

Poêler vos escalopes de foie gras assaisonnées dans une poêle Téfal sans matière grasse.

Dresser sur une assiette votre purée, poser votre escalope au milieu sur la purée, la graisse de la poêle sur le tour de l'assiette.

Râper votre restant de truffe sur l'escalope.

Servir très chaud.

René Berges,
Relais Sainte-Victoire - Beaurecueil

Œufs pochés glacés au beurre de truffes fraîches

(pour une personne)

10 g de truffes fraîches très parfumées, 5 g de brisure de truffes,
2 œufs frais, 1 cuillère à café de vinaigre de vin,
50 g de beurre, 25 g de bouillon de poule,
sel, poivre et une pointe de piment.

Faire pocher les œufs dans une casserole (assez haute) d'eau vinaigrée.

Confection de votre beurre de truffe : porter à ébullition le bouillon avec la brisure de truffe, ajouter l'assaisonnement, monter au mixer au beurre ramolli.

Pocher vos œufs, les napper de beurre de truffe, glacer à la salamandre*, râper 10 g de truffes dessus et servir très chaud.

Pour vos fêtes et réveillons vous pouvez agrémenter de queues d'écrevisses, langoustines, blanc de faisan ou de volaille, etc.

* Salamandre : sorte de rôtissoire.

René Berges,
Relais Sainte-Victoire - Beaurecueil

Cassolette de truffes fraîches au porto et à la crème

(pour 1 personne)

Entre 30 et 50 g de truffes fraîches,
1 cl de porto, 1 cl de crème, sel, poivre, 50 g de feuilletage.

Couper les truffes en gros quartiers, saler, poivrer, disposer dans une cassolette de huit centimètres de diamètre allant au four.

Réduire la crème et le porto de moitié. Mouiller les truffes à mi-hauteur.

Couvrir de l'abaisse de feuilletage, piquée, dorée au jaune d'œuf, cuire au four à 200°.

Servir tel quel sur serviette.

Christian Etienne, Avignon

Salade de coquilles Saint-Jacques aux truffes fraîches

(pour 4 personnes)

24 belles noix de saint-jacques, 80 à 100 g de truffes fraîches,
vinaigre balsamique, huile d'olive, fleur de sel, poivre,
100 à 150 g de salade de mâche,
10 g de graines de sésame grillées, 1 jus de citron

Couper les noix de saint-jacques en trois, les disposer sur une assiette intercalée d'une lame de truffe, en forme de couronne, les saler légèrement, réserver.

Préparer une vinaigrette : 1/2 jus de citron, vinaigre balsamique, sel, poivre, huile d'olive.

Assaisonner la mâche, faire tiédir les assiettes à la salamandre* quelques secondes, dresser la mâche au centre.

Assaisonner les saint-jacques et les truffes avec un pinceau du reste de vinaigrette.

S'il reste des truffes ou brisures, les jeter avec le sésame sur la salade.

Christian Etienne, Avignon

Feuillet de morue fraîche (cabillaud) aux truffes estivales sur un lit de poireaux fondus et pommes de terre

(pour 4 personnes)

80 g de truffes d'été fraîches,
600 g de morue fraîche (cabillaud), 2 poireaux,
300 g de pommes de terre,
1 dl d'huile d'olive, 100 g de beurre,
2,5 dl de crème fleurette, 2 échalotes,
1 dl de vin blanc (Sablet, domaine Les Goubert, 1990),
100 g de parmesan, sel, poivre et curry.

Précuire à la vapeur pendant trois minutes le filet de morue fraîche assaisonné de sel, poivre et curry et arrosé d'un trait d'huile d'olive. Après refroidissement, l'effeuiller à la cuillère de manière à détacher de la peau des copeaux de chair.

Laver les pommes de terre et les cuire en peau à l'eau salée, elles seront cuites quand le centre n'offrira aucune résistance à votre couteau quand vous les piquerez. Les rafraîchir, les éplucher et les couper en rouelles. Parer et laver les poireaux (garder l'extrémité trop verte pour une autre utilisation), couper-les en deux dans le sens horizontal et émincer-les. Faire suer doucement à couvert les poireaux assaisonnés dans un peu d'huile d'olive et ajouter en fin de cuisson les pommes de terre. Garder en attente. Eplucher et ciseler finement l'échalote, la faire suer dans un peu de beurre, puis déglacer avec un peu de vin blanc et laisser réduire cinq minutes. Ajouter la crème et laisser bouillir jusqu'à épaississement Ajouter le parmesan, assaisonner selon votre goût et garder en attente.

Brosser, laver et couper en rouelles les truffes blanches. N'en garder que les belles et hacher le reste que vous incorporerez dans la crème afin de la parfumer. Huiler un plat à gratin, disposer au fond sur une épaisseur de deux centimètres la fondue de poireaux et pommes de terre, diposer dessus la morue intercalée de rouelles de truffe. Napper de sauce crémée et laisser gratiner au four à la salamandre pendant dix minutes.

Déguster en accompagnement pour compléter l'harmonie le même vin blanc qui aura servi à la préparation.

Franck Gomez,
La Table du Comtat, Séguret

Julienne de truffes fraîches en coque d'œuf

(pour 4 personnes)

50 g de truffes fraîches, 4 œufs fermiers,
1 dl de crème fleurette, sel, poivre.

Décaloter à l'aide d'un coupe-œuf. Clarifiez les œufs.

Mélanger les jaunes avec la crème fleurette et assaisonner (sel, poivre, jus de truffe si vous en avez).

Monter les blancs en neige avec une pincée de sel. Disposer la truffe coupée en julienne dans chaque œuf, verser l'appareil dessus à niveau.

Préchauffer les œufs en les disposant sur du gros sel pour qu'ils ne versent pas (deux minutes à 180°).

Retirer-les du four et disposer dessus les blancs montés en neige, soit à la poche ou à la cuillère.

Terminer par des pignons de pin piqués uniformément. Cuire deux minutes à 180°.

Avant de déguster, soulever le chapeau et introduire une lamelle de truffe légèrement chauffée au beurre et assaisonnée. Des mouillettes grillées seront servies comme avec de traditionnels œufs coques.

Franck Gomez,
La Table du Comtat, Séguret

Salade de truffes fraîches de Haute-Provence aux pommes de terre tièdes

(pour 4 personnes)

60 g de truffes de pays fraîches,
300 g de monalisa (pomme de terre à chair douce et sucrée)
un mélange de salade du moment,
1 dl d'huile d'olive vierge du pays,
gros sel, poivre fraîchement moulu.

Mettre à cuire à la vapeur les pommes de terre à point de cuisson ; brosser les truffes et réserver au frais hermétiquement.

Trier vos salades en portant un soin particulier au mariage des saveurs équilibrées entre celles-ci (amère et douce).

Disposer un bouquet de mesclun, assaisonner d'huile d'olive vierge extra, donner un tour de moulin.

Ranger dessus les pommes de terre tièdes escalopées finement.

A nouveau les truffes émincées en médaillon d'épaisseur généreuse afin de trouver le croquant et la puissance en bouche.

Parsemer de gros sel et de poivre du moulin, accompagné de l'huile d'olive vierge.

N.-B. Il est important de réaliser rapidement cette préparation, les pommes de terre devant être tièdes afin de diffuser et faire ressortir la saveur puissante de la truffe.

Daniel Jourdan,
Hostellerie de La Fuste - Valensole

Per agué forço rabasso	Pour avoir beaucoup de truffes
Au mes d'avoust fau que raisso.	au mois d'août, il faut qu'il pleuve
Mai per lé agué poulido	mais pour les avoir belles
Fau pas qué jalo ni qué nivo ;	il ne faut pas qu'il gèle
	ou qu'il neige ;
Au mes dé janvié	Au mois de janvier
Acampo rabasso	ramasse les truffes
din toun granier.	dans ton grenier.

Parmentier de queue de bœuf braisé aux truffes fraîches de Haute-Provence

(pour 4 personnes)

Garniture aromatique pour braisage :
1 queue de bœuf (1,5 kg environ), 50 g de carottes,
50 g d'oignons blancs, 50 g de poireaux, une tête d'ail,
thym, laurier, cannelle, un zeste d'orange non traitée, anis étoilé
un vieux Côte-du-Rhône (Côte-Rôtie).

60 g de truffes fraîches du pays,
500 g de monalisa, 250 g de beurre frais,
sel, poivre du moulin, 1 pied de veau.

Laver et couper les légumes en mirepoix (cubes de 5 mm).

Faire revenir avec les morceaux de queue de bœuf, déglacer d'un bon vin rouge et réunir tous ces éléments dans une cocotte avec le bouquet garni et les épices.

Démarrer sur feu vif et mettre au four moyen à couvert trois heures environ. Surveiller en cours de cuisson et mouiller de fond si la réduction est trop importante

Mettre au four sur du gros sel les pommes de terre vingt-cinq minutes environ.

Brosser les truffes, réserver au frais.

Réunir la pulpe de pommes de terre après cuisson de celle-ci, et l'écraser à la fourchette, mélanger intimement de beurre frais pour nourrir la purée, rectifier l'assaisonnement, réserver.

A la fin du braisage, décanter la queue de bœuf, passer la cuisson au chinois, mettre à réduire au 3/4, monter au beurre, réserver.

Monter dans un cercle une pellicule de pomme de terre, au centre la queue de bœuf désossée ainsi qu'un salpicon de pied de veau, masquer à nouveau de pomme de terre. Finir avec des escalopes de truffes du pays en rosace sur le parmentier.

Décercler, le jus puissant aux saveurs délicates autour du parmentier ; plat généreux et convivial à accompagner du même vin que la marinade (Châteauneuf-du-Pape ou Côte-Rôtie dont le mariage avec la truffe sera le plus heureux).

Daniel Jourdan,
Hostellerie de La Fuste - Valensole

Gâteau de pommes de terre aux truffes fraîches

(pour 4 personnes)

60 g de truffes fraîches, 80 g de brunoise de truffes,
3 dl de jus de truffes, 2 kg de pommes de terre,
1 boule de céleri, 2 dl de beurre clarifié, 1/2 l de crème fleurette

Mettre la crème à réduire.

Eplucher les pommes de terre et le céleri et les tailler en bouchons.

Tailler les bouchons de céleri en rondelles de trois millimètres d'épaisseur, les cuire à l'eau. Tailler ensuite les truffes en rondelles de deux millimètres d'épaisseur et quatre bouchons de pommes de terre en rondelles de trois millimètres d'épaisseur environ.

Mélanger céleri, truffes et pommes de terre, ajouter un peu de beurre clarifié, assaisonner.

Mettre au fond du moule un peu de beurre et disposer les rondelles en alternant trois de pommes de terre, une de céleri, une de truffes. Faire colorer le tout sur la plaque et déglacer ensuite avec une cuillère à soupe de crème truffée.

Faire réduire légèrement et tailler ensuite huit bouchons de pommes de terre en rondelles d'environ deux millimètres d'épaisseur. Les assaisonner et les disposer dans le moule par couche. Ajouter entre chaque couche un peu de crème.

Ajouter sur le dessus de la brunoise de truffes.

On disposera pour finir une dernière couche de pommes de terre d'un millimètre d'épaisseur. Ajouter une dernière de crème, recouvrir de papier aluminium et cuire environ quarante minutes à four doux, soit 140°.

On servira les cannelloni avec un beurre monté aux truffes dans lequel on ajoutera un peu de crème montée pour le rendre plus moelleux.

Christophe Leroy,
La Table du Marché - Saint-Tropez

Quau vau un bon rabassié	Qui veut un bon chêne truffier
Loù dèu semena en febrié.	doit le semer en février.

Parmentier de morue aux truffes de la Saint-Jean

(pour 4 personnes)

400 g de morue dessalée, 200 g de pommes de terre,
100 g de crème fraîche,
120 g de truffes de la Saint-Jean (bien mûres), 4 jaunes d'œufs,
1 cuillère à soupe d'huile d'olive de Maussane, sel, poivre.

Cuire les pommes de terre à l'eau salée après les avoir épluchées, puis cuire la morue.

Dans un saladier mettez la crème, les œufs, l'huile d'olive, les pommes de terre et la morue émiettée. Ecrasez les pommes de terre avec une fourchette, rectifiez l'assaisonnement, râpez les truffes, mélangez le tout et servez chaud avec des croûtons.

Charlotte d'asperges vertes à la mousseline truffée

(pour 8 personnes)

250 g d'asperges vertes fraîches,
1/3 de litre de crème fleurette, 5 œufs,
sel, poivre, beurre.

Sauce :

160 g de truffes fraîches d'été (mûres),
8 jaunes d'œufs, 2/3 de litre de crème fleurette,
sel, poivre, beurre

Lavez les asperges, coupez les pointes, les blanchir, récupérer les parties tendres des queues, les blanchir, beurrer huit ramequins, déposer les pointes égouttées d'asperges. Mixer les queues blanchies. Ajouter les œufs, la crème, sel, poivre. Remplir les ramequins et cuire au bain-marie 180°, vingt-cinq minutes.

Sauce :

Dans une casserole faire fondre une noix de beurre, ajouter les jaunes d'œufs, montez à feu doux avec la crème, assaisonnez, râpez les truffes et laissez infuser.

Emmanuel Lopez,
Le Gourmandin, Avignon

Paupiettes de truffes aux pâtes fraîches

(pour 1 personne)

1 truffe fraîche (plus la truffe est grosse, meilleur c'est),
1 poitrine de volaille,
1 tranche de jambon cuit,
crépine, échalotes, vin blanc,
tomates concassées, pâtes fraîches.

Taper légèrement une poitrine de volaille avec le plat d'un grand couteau.

La couper en deux dans le sens de l'épaisseur. Assaisonner de sel et poivre.

Déposer au milieu de chaque morceau une truffe, après l'avoir entourée d'une tranche de jambon.

Refermer les morceaux de volaille en boule sur la truffe, et entourer le tout de crépine.

Rôtir les deux boules ainsi obtenues à four moyen, après les avoir saisies en plein feu.

Retirer et faire la sauce.

Sauce :

3 pincées d'échalotes hachées rissolées, vin blanc réduit, tomates concassées et un peu de fond de volaille. Réduire à consistance sirupeuse.

Servir avec des pâtes fraîches

M. Meissonnier,
Ermitage - Les Angles

Li meillouro rabasso de Franço *Soun aquelo de la Prouvenço ;* *Mai, de segur, fan pas de tort* *An aquelo dóu Périgord.*	Les meilleures truffes de France sont celles de Provence ; mais, pour sûr, elles ne font aucun tort à celles du Périgord.

Rissoles de truffes fraîches

(pour 1 personne)

20 g de truffes fraîches,
1 plaque de feuilletage surgelé (200 g),
10 g de foie gras ou mousse de foie gras,
salade (mesclun).

Tailler dans le feuilletage six ronds de six centimètres de diamètre (avec un verre).

Au centre des trois premiers ronds, mettre une lame de truffe préalablement salée. Placer dessus un morceau de foie gras de la même grosseur, et au-dessus du foie gras une autre lame de truffe.

Battre un jaune d'œuf. L'étendre au pinceau sur les rebords des trois ronds, puis poser au-dessus du tout les trois autres ronds de feuilletage.

Appuyer fermement avec les doigts tout autour, pour faciliter le collage.

Cuire les trois rissoles ainsi obtenues à la friteuse chaude (220°) pendant 30 secondes.

Les sécher sur un papier Sopalin.

Servir chaud avec une salade mesclun assaisonnée à l'huile d'olive pas trop forte pour ne pas perdre le goût des truffes.

M. Meissonnier,
Ermitage - Les Angles

Rabasso blanco, aigo din lou vin,
Se deù saména en camin.

Truffes blanches, eau dans le vin,
doivent se perdre en chemin.

Chausson de truffes aux pointes d'asperges sauce ciboulette

(pour 4 personnes)

80 g de truffes fraîches, 4 feuilletés en forme de chausson, 1 kilo d'asperges, 1 botte de ciboulette, 50 g de beurre, 1/4 de crème fleurette, 25 cl de vin blanc, sel, poivre.

Cuire les asperges à la vapeur et les tenir au chaud.
Couper les pointes d'asperges régulières.

Sauce ciboulette

Mettre dans une casserole le reste des pointes avec la crème, le vin blanc, la ciboulette, sel, poivre. Faire réduire pendant dix minutes. Mixer le tout avec le beurre, passer au chinois. Couper les truffes très fines, les tenir au chaud. Dresser les chaussons avec les pointes d'asperges, napper de sauce ciboulette, mettre les truffes, servir très chaud. Déguster un luberon blanc.

Alain Nicolet, Cheval-Blanc

Salade frisée de pieds de porc aux truffes fraîches

(pour 4 personnes)

50 g de truffes fraîches, 12 tomates cerises, 3 pieds de porc, 1 œuf, 100 g de chapelure, 1 pièce de frisée blanche, vinaigrette, sel, poivre, 2 cl d'huile, bouquet garni.

La veille, faire cuire les pieds de porc, une fois bien nettoyés, avec un bouquet garni, sel, poivre, durant trois heures à feu doux. Après cuisson, enlever tous les petits os, mettre dans un papier film de façon à faire un boudin. Tenir au frais toute la nuit. Une fois durci, couper en rondelles puis paner avec un œuf et la chapelure, sel, poivre.

Dans une poêle, faire dorer avec un peu d'huile. Tenir au chaud. Laver et essorer la frisée, assaisonner de vinaigrette, couper les truffes en tranches très fines, dresser les pieds de porc chauds, décorer avec les tomates cerises. Déguster le plat avec un châteauneuf-du-pape blanc.

Alain Nicolet, Cheval-Blanc

Velouté de potiron truffé aux croûtons

(pour 6 personnes)

10 g de truffes fraîches par personne, 1 potiron de trois kilos,
1 dl de crème, 100 g de beurre,
4 tranches de pain de mie (croûtons), sel, poivre.

Couper le potiron en gros morceaux, le cuire pendant vingt minutes à l'eau.

Bien l'égoutter, puis le mixer. Ajouter le beurre et la crème fraîche, assaisonner.

Cinq minutes avant de servir le velouté, ajouter les truffes coupées en brunoise. Au dernier moment, parsemer les croûtons sur le velouté qui doit être servi bien chaud.

M. Philibert,
Le Saule Pleureur, Monteux

Ragoût de truffes fraîches

(pour 4 personnes)

200 g de truffes fraîches, 1 bouteille de vin rouge,
1 litre de bouillon de bœuf, 50 g de beurre,
8 petites rattes (pommes de terre),
4 tranches de pain grillé, sel, poivre.

Faire réduire dans une casserole le vin rouge et le bouillon pour obtenir un volume d'environ 20 cl que vous allez monter au beurre et assaisonner.

Couper les truffes grossièrement et laisser infuser au coin du feu pendant dix minutes dans la sauce obtenue.

Ajouter les rattes épluchées qui ont été cuites à la vapeur auparavant.

Servir bien chaud en disposant les tranches de pain dessus au dernier moment.

M. Philibert,
Le Saule Pleureur, Monteux

Mille-feuille de truffes fraîches

(pour 6 personnes)

300 g de truffes blanches ou noires fraîches,
300 g de pommes de terre, sel, poivre,
100 g de beurre fondu, papier d'aluminium.

Cuire les pommes de terre à l'eau salée avec la peau. Les refroidir, ne pas les éplucher.

Tailler les truffes en rondelles fines et les pommes de terre plus épaisses.

Arroser chaque rondelle de pomme de terre de beurre fondu et de poivre, puis monter le mille-feuille (pomme de terre-truffe, pomme de terre-truffe, etc.). Avec un cure-dent en bois, piquer de haut en bas et envelopper le mille-feuille dans du papier aluminium (huit minutes au four).

M. Prévot, Cavaillon

Pommes de terre aux truffes fraîches

(pour 6 personnes)

12 petites ou 6 grosses truffes,
12 petites pommes de terre (Rosevald), sel,
1 pied de veau, 1 garniture aromatique
(persil, carotte, clou de girofle, oignon, ail, céleri, poireau).

Cuire le pied de veau à l'eau légèrement salée avec la garniture (2 h 30).

Cuire les pommes de terre à l'eau salée avec leur peau, puis les rafraîchir. Les creuser avec une cuillère à pomme parisienne.

Egoutter et refroidir le pied de veau, le désosser et le hacher menu.

Remettre à cuire avec le bouillon de poule et les truffes fraîches hachées grossièrement. Quand cette préparation devient épaisse, rectifier l'assaisonnement et farcir les pommes de terre.

Placer au four huit minutes à 120°.

S'accompagne de salade des champs.

M. Prévot, Cavaillon

Pommes écrasées à la truffe fraîche d'Aups rougets de roche croustillants jus d'arêtes

(pour 6 personnes)

30 g de truffes fraîches d'Aups, 18 rougets de roche,
5 cl d'huile d'olive, 1 tomate, 2 échalotes,
1 gousse d'ail, 1 brin de persil, 50 g de beurre,
1/4 de litre de vin blanc de bonne qualité, sel, poivre.

Garniture : 500 g de pommes de terre "ratte", 1 dl d'huile d'olive,
50 g de ciboulette, 50 g de beurre, gros sel.

Elément principal

Ecailler et vider les rougets, lever en filets, garder les foies et les arêtes. Sauter les arêtes à l'huile d'olive, ajouter le persil, la gousse d'ail écrasée, la tomate coupée en quatre, les échalotes émincées. Mouiller avec le vin blanc. Cuire à frémissement 1/4 d'heure et passer le tout au moulin à purée comme pour une soupe de poisson. Passer le liquide au travers d'une passette. Chauffer et incorporer le beurre en fouettant, rectifier l'assaisonnement ; réserver.

Garniture

Couper la truffe en gros morceaux, faire tiédir avec l'huile d'olive. Cuire les pommes de terre épluchées avec le beurre, le gros sel et de l'eau à hauteur. En fin de cuisson, réduire le mouillement à sec ; écraser les pommes de terre à l'aide d'une fourchette, ajouter la ciboulette ciselée et l'huile d'olive avec les truffes.

Finition et dressage

Saler et poivrer les filets de rougets, les passer des deux côtés à l'huile d'olive. Saisir vivement dans une poêle anti-adhésive, retourner rapidement, ajouter les foies de rougets. Tenir la cuisson "vert-cuit". Partager les pommes de terre entre les six assiettes chaudes, poser "à cheval" les filets de rougets, les foies à côté et entourer de jus d'arêtes.

Pierre Prat, *sommelier des Roches*, conseille de servir sur ce plat le Blanc de Blancs "Domaine de Curebéasse" 1989.

Laurent Tarridec
Restaurant *Les Roches*, Le Lavandou.

Montagnette de courgettes et pourpier aux truffes d'été

(4 personnes)

2 belles truffes d'été (± 150 g)
4 petites courgettes, 200 g de pourpier,
4 cuillères à soupe d'huile d'olive, 4 petits rougets de roche,
sel, poivre, curry, ciboulette fraîche.

Après avoir essuyé les courgettes, les émincer à l'aide d'une mandoline dans le sens de la longueur en conservant leur peau. Nettoyer le pourpier.

Emincer les truffes d'été en tranches fines. Les mettre à chauffer dans une poêle à fond épais, avec de l'huile d'olive de bonne qualité. Laisser sur le coin du feu en veillant à ce que les truffes restent moelleuses. Cette opération aura également pour effet de parfumer l'huile. Préparer une vinaigrette avec un bon vinaigre de vin rouge, huile d'olive, sel, poivre, une pincée de curry et ciboulette fraîche.

Mélanger les courgettes légèrement dans cette préparation. Les dresser au centre de l'assiette. Entourer de pourpier votre montagnette de courgettes en disposant les tranches de truffes autour.

Arroser le pourpier et les truffes de l'huile d'olive tiède de la poêle. Saupoudrer légèrement de gros sel de Guérande pourpier et truffes.

Cette salade d'été particulièrement inhabituelle dans son mariage de saveurs accompagnera agréablement une bonne poêlée de filets de rougets de roche simplement saisis dans le restant de l'huile aromatisée.

Boire un rosé du Ventoux frais en accompagnement.

Daniel Tinlot,
Les Rives d'Auzon - Carpentras

Paillassons gourmands de foie gras aux truffes noires

(4 personnes)

150 g de truffes noires de Carpentras,
5 grosses pommes de terre,
4 escalopes de foie de canard frais, 200 g de pourpier,
huile d'olive, vinaigre balsamique, sel, poivre.

•

Emincer les pommes de terre en fins bâtonnets à l'aide d'une mandoline. Les assaisonner en sel et poivre.

Faire cuire dans une poêle à fond épais avec un trait d'huile d'olive les paillassons de pomme de terre en les retournant à mi-cuisson.

Passer dans une poêle anti-adhésive en aller-retour et sans matière grasse une belle escalope de foie de canard.

Déglacer d'un trait de vinaigre balsamique. Saler et poivrer au moulin.

Emincer vos truffes noires à l'aide d'un bon couteau en fines tranches.

Dresser votre paillasson gourmand en disposant en sandwich votre escalope de foie gras qui reposera sur le paillasson inférieur sur un lit de rougette d'hiver ou de pourpier, que vous aurez agrémenté des tranches de truffes.

En réserver une belle rondelle que vous disposerez sur le paillasson supérieur pour la décoration, en finissant avec un très léger filet d'huile sur la truffe et un peu de gros sel.

Daniel Tinlot,
Les Rives d'Auzon, Carpentras

La soupe du berger aux "maïenco" (Tuber Aestivum)
de Clément Bruno.

Les rabasses, la romaine et la "toilette"
(panier en osier dont on se sert pour transporter les truffes).

CONFRÉRIE DU DIAMANT NOIR ET DE LA GASTRONOMIE

C'est la seule confrérie, en France, concernant la truffe.

Elle a été fondée en 1984 et elle recouvre le Sud-Est et le Sud-Ouest.

Son but est d'essayer de préserver la valeur de la *Tuber Melanosporum*, c'est-à-dire la truffe noire. Elle est organisée hiérarchiquement avec :

— un Grand Maître, en la personne actuellement du docteur Louis Muzac, qui représente la région du Sud-Ouest.
— un vice Grand Maître, en la personne actuellement de M. Tassan Primo qui représente la région du Sud-Est.

Pour y être admis, il faut être un "supporter" ou propagateur de l'utilisation de la truffe noire (*melanosporum*).

Le nouvel adhérent prête alors serment en rendant hommage aux vertus de la melanosporum et en lui jurant fidélité.

Les nouveaux sont intronisés lors de la manifestation annuelle de la confrérie, appelée Chapitre, qui a lieu une année dans le Sud-Ouest, une année dans le Sud-Est. Ils sont alors revêtus du costume de compagnon, constitué d'un chapeau de feutre noir, d'une cape noire (emblème de *Tuber Melanosporum*) doublée de gris (emblème de la *Tuber Brumale*). Autour du cou un large ruban rayé gris et noir supportant une médaille or gravée d'un "caveur" de truffes.

Confrérie des Chevaliers, Dignitaires et Vénérables du Diamant Noir culinaire et de la Gastronomie, Ordre conféré : Diamant noir (dite communément Confrérie de la Truffe).

CONFRERIE
DE LA TRUFFE NOIRE DU
PERIGORD ET TRICASTIN

L'ASSOCIATION

Se compose en nombre illimité de :

a) Membres Chevaliers les cinq premières années pleines.
b) Membres Dignitaires les cinq années suivantes.
c) Membres Vénérables à partir de la onzième année.

Pour faire partie de cette association, il faut être intronisé sur proposition du Conseil d'Administration qui statue sur les candidatures proposées et leur parrainage ; les intronisations ont lieu annuellement pour le chapitre Truffes du Périgord dans le Sud-Ouest et Truffes du Tricastin dans le Sud-Est.

L'association est dirigée par un conseil de membres, élu pour deux ans par l'Assemblée Générale, les membres sont rééligibles. Le Conseil d'Administration choisit parmi les seize membres du Conseil d'Administration, au scrutin secret, un bureau composé par :

1) Le Grand Maître, président de la Confrérie Sud-Est et Sud-Ouest.
2) Le Chancelier, vice-président.
3) Le Connétable, secrétaire.
4) Le Grand Chambellan, trésorier.

Donc le Conseil d'Administration est composé de huit membres du Sud-Est et huit membres du Sud-Ouest renouvelables par moitié tous les deux ans en Assemblée Générale qui se réunit une fois l'an alternativement dans chaque région du Sud-Est et Sud-Ouest.

Chaque membre de l'Association est tenu d'acquitter une cotisation annuelle dont le montant est fixé par l'Assemblée Générale.

OBJET

Regrouper les producteurs, les amateurs et les gastronomes de la truffe noire et noble :

Tuber Melanosporum Vitt dite du Tricastin ou du Périgord ; défendre et promouvoir cette truffe *Tuber Melanosporum Vitt.*

SERMENT

"O ! Truffe, Tuber Melanosporum, je rends hommage à tes vertus. Je m'engage à te servir en tout temps et tous lieux, par mes paroles, mes écrits et mes actes ; à faire découvrir et aimer tes incomparables bienfaits les mieux connus et les plus secrets."

LA TENUE

Elle comprend :

Une ***médaille*** en étain pur créée et exécutée par Mme Laurent Dray, artiste créatrice. Cette médaille représente un chêne, un cochon, un chien, un trufficulteur avec mention : *"Confrérie de la Truffe Noire du Périgord et du Tricastin, ordre du Diamant Noir et de la Gastronomie Tuber Melanosporum Vitt."*

Un ***ruban*** doré avec bandeau noir en son milieu sens de la longueur auquel est suspendue la médaille.

Une ***cape*** noire avec intérieur gris moyen, format cape poncho.

Le ***chapeau*** en feutre noir type de camargue.

Un ***parchemin*** diplôme remis à l'intronisé certifiant de la qualité de Chevalier ou de son grade.

SIÈGE SOCIAL

Fixé en la Maison de la Truffe et du Tricastin à 26130 Saint-Paul-Trois-Châteaux, et ses chapitres et activités s'étendront à la France, aux pays francophones et autres lieux propices à son action à travers le monde.

La fête de Saint-Antoine à Richerenches.
Résultat de la quête.

BIBLIOGRAPHIE

LES INDISPENSABLES

Guide pratique de trufficulture, Pierre Sourzat, technicien départemental des services d'agronomie du lot Lepa, "Lacoste", 46090 Le Montat. Tél 65.21.03.67.

La Truffe du Périgord, Jean Rebière, éditions Pierre Fanlac

Perspective pour une trufficulture moderne, J. Grente, avec la collaboration de J. Delmas, INRA, domaine de la Grande Ferrade, 33140 Pont-de-la-Maye.

OUVRAGES ANCIENS

Lettres sur les truffes du Piémont, Comte de Borch, 1780.

* *La Truffe, étude sur les truffes comestibles,* H. Bonnet, 1800.

De la truffe, traité complet de ce tubercule, MM. Moynier, 1836, éditions Laffitte Reprints, Marseille, 1979.

* *La Truffe, études sur les truffes et les truffières,* C. de Ferry de la Bellone, 1888.

La Truffe, A.-D. Chatin, 1892. Réédition aux éditions Slatkine.

* *Almanach du trufficulteur pour l'année 1902,* A. de Bosredon.

* *Manuel de trufficulture,* Dr L. Pradel, 1914.

* *Les Truffes européennes,* M. G. Malençon, 1938.

Synonymie provençale des champignons de Vaucluse, J.-M.-F. Réguis, 1886, Bérard, Marseille.

* Sont disponibles en photocopies au siège du Syndicat des producteurs de truffes des Bouches-du-Rhône, 7, rue Maréchal Foch, 13100 Aix-en-Provence.

OUVRAGES RÉCENTS

La Truffe, J. Pagnol, 1983, éditions Aubanel, Avignon.

Pour que vive la truffe noire, M. Chapelle, 1981, éditions J.-J. Pauvert.

Manuel de trufficulture, L. Mannozzi-Torini, 1970, Edagricole.

La Culture des truffes, guide pratique, J. Pacioni, 1986, éditions de Vecchi.

La Perle noire du Comtat, P. Julian, 1974, Imprimerie Mistral, Cavaillon.

La Truffe, guide pratique, A. Verlhac, 1990, CTIFL, 22, rue Bergère, 75009 Paris.

La Truffe et sa culture, J. Delmas, 1983, INRA, 149, rue de Grenelle, 75341 Paris Cedex 07.

La Trufficulture telle que je la pratique, L. Fioc, 1987, L. Fioc-Montségur-sur-Lauzon, Drôme.

Raconte-moi... la truffe, Flora Berger, 1990, éditions Terradou.

Atti Del Secondo Congresso Internazionale sul Tartufo Spoleto, 24-27 novembre 1988, Comunita Montana, Spoleto.

Le Grand livre de la truffe, P.-J. & J. Pebeyre, 1987, Daniel Briand, Robert Laffont.

Clé de détermination des principales espèces de truffes, et espèces ressemblantes, G. Veyrat, 1987, G. Veyrat CH 1213 Onex (Genève).

La Truffe et les mystères du diamant noir, G. Bontempelli, 1988, Edisud.

PUBLICATIONS

Bulletins de la Fédération nationale des producteurs de truffes (vol. 1 à 12).

FNPT (Fédération nationale des producteurs de truffes)
7 bis, rue du Louvre, 75001 Paris.
(dans lesquels des articles de toute première importance ont été signés des noms prestigieux : Bardet, Chevalier, Delmas, Poitou, Sourzat, Verlhac, etc.).

Le Trufficulteur français, FNPT, 7 bis, rue du Louvre, 75001 Paris.

Différentes espèces de truffes se développant en France, G. Chevalier et L. Riousset, Bull. Soc. Et. Sci. Nat., Vaucluse 1987 : 61-69.

Taxonomie des truffes européennes, Gérard Chevalier, Louis et Gisèle Riousset et Chantal Dupré.

Estrato da : Atti Del II Congresso Internazionale Sul Tartuffo-Spoletto, 24-27 novembre 1988.

PUBLICATIONS SUR LES TRUFFES AUTRES QUE *TUBER MELANOSPORUM*

T. Magnatum : Raccolta E Coltivazione Dei Tartufi in Toscana Regione Toscana / Ent Toscano Sviluppo Agricolo E Forestale.

T. Uncinatum : Découvrez la truffe de notre région. Association de défense et plantations d'arbres truffiers de Haute-Marne, 24, rue Carcassonne, 52000 Chaumont.

La Truffe en Lorraine, "Du terroir... à votre table". Association meusienne des planteurs et promoteurs de la truffe lorraine. Président : J. Shirra, 14, allée de la Libération, 57100 Thionville.

Fungui Ipogei, Edito dalla Societa micologica "Carlo Benzoni", Chiasso.

OUVRAGES CONCERNANT LES CHAMPIGNONS

(mais dans lesquels quelques chapitres sur la truffe sont particulièrement intéressants).

Dernières nouvelles des champignons, G. Fourré.
(G. Fourré, 152, rue Jean-Jaurès, 79000 Niort, tél. 40.09.25.87).

Pièges et curiosité des champignons (*ibidem*).

CRÉDIT PHOTOGRAPHIQUE

L. Benard, p. 33.
H. Jalade, p. 34 n° 1, 3 et 6 ; p. 35 n° 3 ; p. 53 n° 2 ; p. 55 n° 2.
P. Sourzat, p. 34 n° 2, 4 et 5 ; p. 35 n° 1 et 6 ; p. 55 n° 1.
P. Giraud, p. 36 n° 1 ; p. 92, 110, 122, 160, 164.
J.-M. Rocchia, p. 53 n° 1 ; p. 54, 56, 64, 91, 102.
J. Rey, p. 73.
J. Teulade, p. 36 n° 2 ; p. 74.
R. Callier, p. 141, 159.
D. Comtat, p. 38.
Rousseau, p. 47, 146.
Document p. 70, collection Gérard Nottelet.

REMERCIEMENTS

J'aimerais remercier tout particulièrement Messieurs Gérard Chevalier, Jacques Delmas, Louis-Joseph Riousset et Madame, Pierre Sourzat. Si le livre ne comporte pas trop de bêtises, c'est à eux que je le dois.

Remerciements à :

MM. Adam Gilbert, Ballureau Lucien, Mlle Bardet Marie-Christine, MM. Bellieu René, Blanc François, Boasso Benvenuto, Bonnet Paul, Benard Jean-Luc, Bruni René, Cattoire G., Chaminade Patrick, Champagnac Jean-Baptiste, Chapelle Max, Coffe Jean-Pierre, Craisson Jean-Paul, Mme De Bournat Mauricette, Vivette et Pierre Deflaux, Mlle Duval Marie-France, MM. Espenon Gilbert, Fabre Denis, Mme Foret Claude, MM. Fourel A., Fourré Guy, Gautier Raymond, Giraud Michel, Grente Jean, Jalade Michel, Joliet Philippe, Jourdan André, Leteinturier Jean, Manrezza Jacques, Magnan Pierre, Muzac Louis, Nottelet Gérard, Omaggio Jean-Pierre, Pallier Raymond, Parra Charles, Mlle Poitou Nicole, M. Rebière Jean (†), Mme Reiser, Mlle Rizzi Christine, MM. Roux Jean-Jacques, Savignac Jean-Charles, Segond Claude, Signoret Léopold, Tagliaferro Francesco, Tassan Primo, Thinon Michel, Valery Charles, Van Cappel Jean-Pierre, Verlhac Albert, Veyrat Gilbert... et bien sûr, feu mon oncle Nané.

Que tous ceux que j'aurais oubliés me pardonnent.

TABLE

ACHEVÉ D'IMPRIMER
EN NOVEMBRE 1992
SUR LES PRESSES DE L'IMPRIMERIE
A. BARTHÉLEMY
- ANCIENNE MAISON DES OFFRAY -
IMPRIMEURS EN AVIGNON
DEPUIS 1640.